传记丛书

世界名人

松下幸之助

上

北方妇女儿童出版社

韩兵侠 ⊙ 编著

图书在版编目(CIP)数据

松下幸之助 / 韩兵侠编著. —长春：北方妇女儿童出版社，2010.5
（2016.1 重印）

（世界名人传记丛书）

ISBN 978 - 7 - 5385 - 4596 - 8

Ⅰ. ①松… Ⅱ. ①韩… Ⅲ. ①松下幸之助(1894～1989) - 传记 - 青
少年读物 Ⅳ. ①K833.135.38 - 49

中国版本图书馆 CIP 数据核字(2010)第 072181 号

世界名人传记丛书

松下幸之助

总　策　划：李文学　刘　刚

编　　　著：韩兵侠

责任编辑：张晓峰

插　　　图：苗　旺

出版发行：北方妇女儿童出版社

　　　　　（长春市人民大街 4646 号　电话：0431 - 85640624）

印　　　刷：北京一鑫印务有限责任公司

开　　　本：650 ×950 毫米　16 开

印　　　张：14

字　　　数：136 千字

版　　　次：2010 年 5 月第 1 版

印　　　次：2016 年 1 月第 3 次印刷

书　　　号：ISBN 978 - 7 - 5385 - 4596 - 8

定　　　价：59.60 元(上、下册)

前言

  《世界名人传记丛书》精选出来的世界名人完全是基于客观公正的立场，兼容古今中外，从教育、文学、科学、政治及艺术等方面选出最具影响力的著名人物。我们在向少年读者介绍世界上这些著名人物时，把他们面临危机的镇静，驾驭机遇的精明，面对挑战的勇气，别出心裁的创新，以及他们的志向、智慧、风格、气质、情感，还有他们的手段、计谋，以及人生的成功和败笔，一并绘声绘色地勾画出来。让少年读者跟随他们的脚步，去认识一个多维的世界，去体验一个充满艰辛、危机和血泪，同时又充满生机、创造和欢乐的真实人生。

  为了顾及少年读者阅读的兴趣和习惯，这些传记都避免正面冗长的说教性叙述，而多从日常生活中富于启发性的小故事来传达名人所以成功的道理，尤其是着重于他们年少时代的生活特征，以期诱发少年读者们的共鸣。尽管是传记作

品，我们也力求写得有故事性、趣味性。以人物的历史轨迹为骨架，以生动的故事为血肉，勾勒出名人们精彩的人生画卷；多用有表现力的口语、短句，不写套话、空话，力戒成人化，这是我们在风格和手法上的追求。

　　书中随处出现的精美生动的插图，乃是以图辅文，借以达到图文并茂的目的。每一个名人传记的文后，都附有简单的年谱，让少年读者能够从中再度温习名人的重要事迹。

　　希望我们的少男少女在课外阅读这些趣味性浓厚而立意严肃的世界名人传记时，能够于不知不觉之中领悟到做人处世的人生真谛。

2010 年 8 月

序言

　　松下幸之助是松下电器王国的创始人，是日本现代企业经营史上最富有传奇性的人物。这个名字在日本家喻户晓，在世界上也享有盛誉。

　　幸之助出身平民，只有四年学历。辍学后当学徒，身处社会底层，备尝人间的酸楚艰辛。他不安于现状，想"争一口气"。后来，他和妻子、内弟三人创办了一个家庭式的小作坊。以此为起点，他凭借自己的抱负、智慧、毅力、勇气和品格，经过数十年的开拓经营，终于办起一个令人刮目相看的、世界顶尖级的现代化大企业。他为这个世界创造了巨大的财富，个人的资产也名列日本亿万富翁的榜首。

　　他带给这个世界的不仅是物质财富，还有博大精深的思想理念。随着企业的起伏兴衰，经过反复的理性思考，他创立了一套完整的企业管理体系，开创了松下企业精神。他被人们誉为"经营之神"。

　　经营是一种理念，也是一门艺术，是人类规范自己活动的自觉行为。从一个人的成才、一个家庭的致富、一个企业的壮大，到一个国家的发展，都需要经营。把握经营理念，会使我们的生活目标更加清晰，实现目标的措施更加得力。

　　当然，幸之助是人而不是神，他这一生也犯过错误。比如，在第二次世界大战中，由于时代、历史和思想的局限，他对日本军国主义也有过助纣为虐的活动，在人生历程上写下了不光彩的一笔。

　　松不幸之助已经成为历史人物了，他一生的是非功过任凭后人去评说。不管怎样，他留给后人的松下电器，世代享用着；松下的经营理念，会给人们永久的启迪。

编者 识

目录

►走向辉煌◄

SHIJIEMINGRENZHUANJICONGSHU

松下幸之助

一

走出混沌

他从乡下来到城里，当时日本社会
正面临着巨大的变革，历史为这个农村
孩子提供了大有作为的契机。

少小离家

1904 年，松下幸之助离开家乡和歌山县，到大阪去学徒。同行的还有一位邻居大叔，他是到大阪去办事，受松下家的委托，顺便把幸之助带给他的父亲。

幸之助的母亲德子自从接到丈夫从大阪的来信，就陷入了极度痛苦之中。让 9 岁的小儿子到异乡去谋生，实在是一件不得已的事。虽说那年月，穷人家的孩子大多寻个殷实的店铺做学徒，说不定将来能混个伙计当当，倒不失为一条出路，但松下家早年也曾风光过，现在家道中落，松下家的孩子也要做学徒了。这在德子看来，简直像是在心头剜了一刀。

一连几天，德子夜夜在灯下为小儿子缝制新衣，眼泪也不知落下多少。到了启程这一天，她又执意要亲自送小儿子去火车站。

而年幼的幸之助对离别之痛似乎还处于朦胧之中，对未来的学徒生活充满了憧憬。此刻，他肩上斜背一只小包袱，蹦蹦跳跳地冲在前面，活像一只出笼的鸟儿。

"阿吉——"德子呼唤着他的乳名，"你慢点儿走，慢点儿走啊——"

幸之助回头瞥了一眼，脚步稍一放慢，却又唱起歌来，那是雄武的《乡根八里》，他从小就会唱的：

　　武士走天涯，

刚勇更无前，

长刀木履仰天笑，

踏断八里山中岩。

邻居大叔说："瞧这孩子，还真像个武士呢！"

德子却叹道：　"唉，阿吉还太小，他还什么都不懂呢。"

幸之助1894年11月27日（明治27年）出生在日本和歌山县海草郡和佐村的一个农民兼商人家庭中。他是松下家的第三个男孩，出生时十分瘦弱，两只招风耳显得很有福气的样子。父亲松下正楠给他取了"幸之助"作名字，希望幸运之神能够帮助他。

幸之助从小聪明活泼，善解人意，深得父母的喜爱。他6岁那年上小学，说来这全靠那场中日甲午战争了。日本政府用战争中掠夺来的两亿两白银在全国大办教育，所以穷人家的孩子上学也不是特别的难。

在学校里，幸之助虽然比别的同学生得矮小，但他生性要强，学习认真，对老师布置的作业完成得一丝不苟。回答问题时，他站得笔直，嗓门也挺大。出操时，他的腿总是抬得比别的孩子高，他不知道这在别人看来并不雅观，但他觉得只有这样才算认真。

他从小富有同情心，有些同学比松下家还要穷，上学时没有饭团吃，他就从自己带的饭团中取出两个分给同学，尽管他自己也很饿。

班里有个同学叫龟太郎，是个浪人（地痞、流氓）的

儿子，经常欺负弱小的同学。有一次他强迫一个同学代他拖地板，那同学不肯，他伸手便打。这时幸之助挺身而出，仗义执言，身材矮小的他，居然靠着凛然正气镇住了那个小坏蛋。

家里对此也有耳闻。常有人对德子说："太太，你养个好儿子呀，阿吉将来说不定前途无量呢！"

德子当然免不了谦逊几句，但心里却是美滋滋的。

可是，这样的一个好儿子，如今却不得不半途辍学，身为母亲的德子心里很不是滋味。

然而小儿子对此竟像是浑然不觉，只是一味地兴高采烈，这使德子的心头更多了几分悲凉。

他们终于来到了纪之川火车站。这是一个小站，上下车的旅客不是很多，列车停靠的时间也比较短。此刻站台上空荡荡的，深秋的凉风卷着枯黄的树叶，向零星的几位旅客袭来。趁着火车还没有到，德子为小儿子紧了紧围脖，把说过很多次的那些叮嘱的话再重复一遍。

"阿吉，你记住，学徒不比在家，要听老板的话。"

"妈，我知道了。"

"你要眼勤、嘴勤、手勤，千万不能偷懒。"

"妈，我记住了。"

"你有尿床的毛病，晚上要少喝水。"

"妈，我明白。"

"还有，早晚天凉，你要多穿衣服。"

"妈，您就放心吧！"

德子说着说着，泪水就涌了上来，声音也哽咽了。她

SHIJIEMINGRENZHUANJICONGSHU

松下幸之助

知道，这已是最后的时刻，如果把孩子留下来，现在还来得及。但是，让幸之助到大阪去学徒，这是丈夫的决定，她不能违拗男人的意志。再说，把孩子领回那个荒僻乡村的家，今后该怎么活呢？……

正在这时候，火车进站了，最后分别的关头终于到了。德子一把搂住小儿子，两滴泪水滑过脸颊，又落在小儿子的脸蛋上，凉凉的，湿湿的，直落进幸之助的心里。

列车启动了，幸之助伸出头去向外看，只见母亲依然站在原处，秋风吹拂着她那灰白的鬓发，几片黄叶在她身前身后打着旋儿。她不断地向小儿子挥着手，示意他不要把头伸出车外。

幸之助抽回身，两行热泪忍不住滚落下来。

"阿吉，你哭啦？"邻居大叔诧异地说。

"真不知道什么时候再见到妈妈……"幸之助哽咽着。

"唉，你这孩子！现在知道离别的滋味了吧？"邻居大叔叹道，"往后的日子长着呢，人这一辈子，什么滋味都会尝到的，你走着瞧吧！……"

火车一声长鸣，远远地把家乡甩在了后面。

从火盆店到脚踏车店

在大阪，松下正楠早已为儿子的学徒生涯做了安排，一位姓宫田的火盆店老板同意接收幸之助到他的店里来做学徒。

经销火盆在日本是一种古老的行业。日本的冬季，室内又潮又湿，无论达官贵人，还是平民百姓，都要在家里摆上一只炭火盆。火盆是陶制的，阔人家的火盆制作比较考究，算得上是工艺品，而穷人家的火盆就简单、古朴一些。因为火盆是居家常备之物，所以这一行自古以来盛行不衰。不过到了明治维新以后，日本人的生活发生了巨大的变化，卖火盆的生意已是强弩之末了。

父亲把幸之助送到火盆店，向老板拜托了几句，又向儿子叮嘱了几句，便匆匆离去。幸之助一下子陷入举目无亲、孤苦伶仃的境地，一路上兴致勃勃的心境被风吹散了。当天晚上，他钻进冰冷的被窝，久久难以入睡，听着窗外的风声和隔壁宫田老板惊天动地的鼾声，他忍不住落下几滴伤心的泪水。

幸之助的学徒生活就这样开始了。宫田老板派给他的工作是打扫卫生和照料宫田家的小少爷。小少爷年方3岁，自小娇生惯养，只要他醒着，就要有人把他背在背上到处走动，否则就会啼哭不止。幸之助生得矮小，身体单薄，成天让小少爷长在脊背上，很是吃不消。他常常在心里自己问自己："难道这就是学徒吗？"

幸之助来到宫田火盆店不久，发生了这样一件事——那天，街面上传来孩子们的嬉闹声，幸之助毕竟也还是个孩子，难免贪玩，便背着小少爷跑了出去。孩子们从来不会拒绝新伙伴的，他们接纳了初来乍到的幸之助。

那天孩子们是在玩陀螺，用一只鞭子抽打，陀螺便会旋转不停。

幸之助请求一个小男孩："让我玩一会儿吧。"

可是，幸之助玩起陀螺来就显得十分笨拙了，因为他的后背上还压着一个小少爷，他只能一只手执鞭，另一只手背在身后。就在幸之助玩得兴味正浓的时候，一不小心，小少爷从他的背上跌了下去，脑袋撞在地上，他顿时哇哇大哭起来。

幸之助吓坏了，跌了主人家的孩子，这还了得？他急忙丢掉鞭子，抱起小少爷不住地哄。可是这位小少爷从小娇纵惯了，只管哭个不停。幸之助一时没了主意，又不敢把小少爷抱回店去，怕没法向主人交代。此刻的幸之助也差一点儿就要哭出来了。

火盆店的隔壁是一家糕饼店。就在幸之助束手无策之际，他忽然瞥见糕饼店的招牌，不禁灵机一动，马上抱着小少爷冲进糕饼店，高喊道：

"快！买一个红豆包——"

这家糕饼店出售一种好吃的红豆包，每只一分钱。宫田老板每半月给幸之助5分零花钱，此刻派上了用场。小少爷吃上了可口的红豆包，总算止住了啼哭。

宫田老板很快就从邻居那里得知幸之助给小少爷买红豆包的事，觉得好生奇怪，便把他叫来询问。幸之助知道瞒不过，只好把事情的始末据实说出。老板、老板娘一听全乐了，反正小少爷也没跌坏，他们都说：

"阿吉这孩子倒是挺诚实！"

然而幸之助却对自己说："今后，再也不能因为贪玩耽误正事了。如果连孩子都带不好，那我还能做什么呢？"

幸之助只在宫田火盆店干了三个月，火盆店就倒闭了。

松下正楠到宫田火盆店来接儿子，他必须再给幸之助另找一家店铺。宫田老板对他说："松下君如果同意的话，我倒想给阿吉介绍一个地方。我有个朋友，是开脚踏车店的，不知松下君意下如何？"

所谓脚踏车，也就是自行车，当时刚刚传进日本不久，深受社会各阶层的欢迎。如果说经销火盆是一项没落的行业，那么脚踏车这一行可以说是方兴未艾。松下正楠急忙表示感谢。

宫田老板的朋友名叫五代普吉，在大阪开着一家好大的脚踏车店，已经雇用了几个小学徒。他年过半百，没有子嗣，所以对学徒们分外的好。宫田老板对他说：

"我介绍来的这位阿吉才刚刚 10 岁，人很机灵，也能干，重要的是他很诚实。请五代君千万把他收下，拜托了。"

五代老板见了幸之助，果然喜欢，就点头同意了。

松下正楠把儿子安顿好，临分别的时候，悄悄叮嘱道：

"说实在的，做火盆生意到底不会有大的出息，还是脚踏车这一行比较有前途。记着，今天的日本跟过去不一样了，好多新鲜事全都要从头去学。我是老了，什么都来不及了。可你还小，只要用心，一定能做出一番事业的。可别小瞧学徒，学徒可有大学问哪！"

他又告诫儿子："不要怕做事，做事并不吃亏。当学徒是端人家的饭碗，无论做什么事，老板都在瞅着你。你小事做不好，老板是不敢把大事交给你去做的。"

就这样，幸之助从火盆店转到了脚踏车店。

老板娘的呵护

五代脚踏车店坐落在大阪的船场街区，这里可以说是大阪工业的摇篮。自明治维新以后，这一带陆续建起了一个个小型工厂，街道直通海边。在海边则是造船的船坞，船场街区就因此而得名。

工业的发展，必然带动商业和服务业的发展，各种商店、饭店也应运而生，这里就有五代脚踏车店。

五代脚踏车店是一个较大的专业商店，不仅经营脚踏车及其配件，还兼营修理业务。店里除雇用店员外，还有五个学徒，幸之助是其中最小的一个。

学徒生活是很艰苦的，尤其是在船场街区，这里历来有严格管教学徒的传统。商人们把经商的礼仪、规矩和经验等，通过口传心授，极为认真地传授给下一代，以确保船场街区的好名声。如有差池，老板还会不客气地赏给学徒一记清脆的耳光，学徒只能朗声回答一声"哈依"，任何反抗都只能招致更严厉的惩罚。五代脚踏车店作为船场街区的名店，在对学徒的管束上也是如此。

每天早晨八点钟，院里就会传来五代老板的吆喝声，于是小学徒们都必须马上起身，如果稍慢一些，有时就会惹来老板的责骂：

"像你们这样和风细雨的，什么时候能养成雷厉风行的好习惯呢？"

往往在老板发脾气的时候，总会有个女人出来相劝：

"会的，会的！都是小孩子嘛！习惯也是要逐渐养成的呀，你不要总是着急嘛……"

这个能管住老板的人就是老板娘。

幸之助虽然一心想把店里的活儿做好，但也免不了有说错话、办错事的时候，因而也就免不了会挨一记耳光。每逢挨打，嘴上不敢说，心里总是委屈，有时便偷偷地落几滴眼泪。每到这时，总是老板娘把他揽到怀里，安慰说："阿吉呀，别哭啦！老板管你是对的，你一定改正啊！哦，阿吉快成大人了，懂得了这些道理才能做大事啊。"

那声音软软的、细细的，流进了幸之助那孤苦的心田。有时他想："老板是对的，那他为什么就不能像老板娘那样有话好好说呢？"

老板娘三十多岁，个头不高，体态丰腴，粗布旧衣，穿在她的身上是那样的合体；圆圆的脸盘上常常挂着一丝温和的笑意，看上去很美。

她读书不多，但言谈举止却有大家风范。

学徒的饮食起居，都由她一人照管。她从早到晚不歇闲，忙碌的身影透着无穷的活力。

在幸之助的眼中，老板娘简直就像母亲。只因有了老板娘，学徒生活才变得不是那么枯燥。

有一天夜里，幸之助尿床了。刚到大阪时，他时时注意，每天一到下午就不敢喝水，可这回他马虎了。

他再也睡不着，望着黑洞洞的天花板发呆。在家时，总是妈妈叫他半夜里起来撒泡尿，偶尔尿了床，也是妈妈给他料理。可现在他能指望谁呢？

天没亮，他就早早起身，将行李像往常一样卷起来。等五代老板一喊，他就很快跑出房去。

"阿吉今天起得好早啊！"老板娘奇怪地说。

幸之助只"唔"了一声，就跑去干活了。这一天，尿床的事扰得他无精打采。

到了晚上，他不敢钻进被里，躺在尿湿的被窝里一定是很难受的。可是总不钻被窝哪行啊？他无可奈何地躺了下去，心里却"咯噔"一下，湿被子不见了，不知什么时候换了一床干干净净、暄暄乎乎的新被子。

"这一定是老板娘换的。"他想。早晨老板娘见他起得太早，就觉得奇怪，一定是检查他的被子了。

"坏了，尿床的事瞒不住人了！"他觉得好丢脸好丢脸。不过另有一件事更让他犯难：今晚再尿床可怎么办？总不能让老板娘天天来换新被子吧？

他使劲睁大眼睛，生怕睡过去，但最后，他还是一不小心跌进了梦乡。

睡梦中，他觉得有人在用温暖的手推醒他，给他披好衣服，让他去撒尿。这个人自然又是老板娘。不过他迷迷糊糊的以为是在家里，以为那个人是自己的母亲。当他撒完尿回来的时候，不由自主地叫了一声"妈妈"。老板娘说：

"阿吉，你叫我什么？"

他一下清醒过来，顿时红了脸，急忙钻进被窝，眼泪落在枕头上。

打这以后，老板娘天天夜里会按时唤醒幸之助，就这样过了好几年，直到他改掉尿床的毛病。

五代脚踏车店的建店纪念日快到了，五代老板决定在店门前拍一张全体员工的合影，这使小学徒们兴奋不已。那时，照相还是有钱人家的奢侈享受，这帮孩子们竟没有一个是照过相的。

幸之助怎么也想不明白，那照片上的人影是怎么拍下来的呢？自己印在照片上会是个什么样子呢？他想，如果照片拍得好，一定要给乡下的母亲寄去一张。

幸之助几乎是扳着手指盼着照相的那一天。

好不容易等到了纪念日，幸之助换了新衣服，还将头发洗了又洗，只等着那"咔嚓"的一瞬间了。

事有不巧，偏偏店里接到一个电话，有一家顾客要买脚踏车上的几样小零件。按照店里的规矩，再小的生意也是不能耽搁的，五代老板打发幸之助把零件给顾客送去。

他跑了好远的路，才找到那顾客的家，交了货，收了钱，他转身就往回跑。

他气喘嘘嘘地回到店里，五代老板却对他说："阿吉呀，照相师傅已经回去了。我们本想等你，可人家师傅等不及，只好委屈你啦……"

没等老板说完，幸之助忍不住"哇"的一声哭起来。小伙伴们全都投来同情的目光。老板和店员们谁也劝不住他。还是老板娘一把将他拉到怀里，说道：

"阿吉太可怜啦！走，咱们再去照一张！"

五代老板说："那又何必？"

老板娘说："答应孩子的事情，不能言而无信！"

说罢，拉着幸之助就出了店门。

幸之助的鼻子酸酸的，一种难以名状的情感涌上心头。自从离开妈妈，就不曾有人这样亲昵地牵着他的手走路了。此时，照相对他来说已经不那么重要了，他只希望老板娘就这样牵着他的手，一直走下去。

幸之助和老板娘拍了一张合影。

这件事情，直到幸之助满头银发，做了董事长时，还常常回忆起来。老板娘那勤勉、真诚、善良的品格，影响了他的一生。

买烟风波

幸之助来到脚踏车店最初的一段时间里，心情总也不能平静，这倒不是因为这里的生活紧张，也不是因为生活的艰苦，而是因为他的年纪太小，他感到不被重视。

由于年纪小，他只能做一些像打扫卫生、端茶递水、跑腿学舌之类的琐事。他也很想像年长的学徒们那样去接待客人，甚至出门推销和学习维修脚踏车，但这些事轮不到他。年幼不等于没有想法，他隐隐感到郁闷和不平。

店里经常有顾客来修脚踏车，这是一项技术性很强的工作，自有专职店员负责。有些车子破损较严重，一时半会儿修不好，顾客便须坐等，这时店里就会打发学徒给他奉上一杯热茶，递过一张当日的报纸。由于幸之助年纪最小，深得客人欢心，所以老板就让他专做这项工作。

有的车子修起来很简单，只不过是更换一两个零件，

15

幸之助早已在一旁看会了，他很想对老板说："这活儿我也能干"，可是总有资格老一些的学徒抢在前面把事情做了。只有伺候客人的事没有人抢，那是留给幸之助的。

伺候客人的差事很琐碎，也很无聊。有时，客人等得不耐烦，便会想吸烟，假如他的烟恰好吸完了，便会吩咐一声："伙计，给我买盒香烟去!"这时候，无论白天黑夜，也无论刮风下雨，幸之助都必须跑出去买烟，有时一天要跑上好几趟。

幸之助虽然心中有想法，但他什么也没说。他记起在火盆店因贪玩而跌了小少爷的事，耳畔便响起父亲的话："小事做不好，老板是不敢把大事交给你去做的。"

那时，日本的骑车族大多吸一种"朝日牌"香烟，每包8分钱，既不昂贵，也不很廉价。在没完没了的买烟过程中，幸之助动上了脑筋。

他想，每跑一次街只买回一包香烟，实在是很麻烦的事，不如先用自己的钱买下一条烟，客人要烟就可以立即给他，自己也省得一趟趟地跑腿。

但是就在他这样做的过程中，很快却又发现了新的门道。原来，每条香烟二十包，如能成条买，店家就会赠送一包，也就是说，累计卖给客人一条烟，就可以获得8分钱的利。一个月下来，可有2角4分钱的赚头!

这一情况，脚踏车店的老板五代普吉都看在眼里。

有一天，五代老板在店里接待一个朋友，幸之助给他们倒茶。五代老板不无得意地讲到这位小学徒，说道：

"买烟本来是一件小事，谁也没在这上动脑筋，可是我们这位阿吉居然能在这上面赚出钱来。要知道，他才是十几岁的孩子啊！"

客人说："从小看大，阿吉这孩子确实聪明能干。五代君，你有这么一个好学徒，一定要好好培养他啊！"

幸之助在一旁听了，也暗自得意。

可是世界上的事情，结局往往出人意料。当初幸之助并没有想到要靠卖烟赚钱，却意外地得到了钱；一旦发了意外之财，随之而来的却是意外的麻烦。由于幸之助有了额外收入，其他几个学徒开始不满了。因为伺候客人、跑腿买烟原是他们不屑做的事，现在又不好公然去抢这个美差，就只好背后发发牢骚，并且不约而同地疏远幸之助。

其实这也难怪，学徒每个月薪只不过一元，而幸之助的额外收入竟相当于月薪的四分之一，这怎么能让他们不眼红呢？

正当幸之助为自己处于孤立状态而苦恼的时候，事情终于闹到五代老板那里。五代老板也感到很棘手，为了平息众怨，保持职工团结，他不得不把幸之助找去，对他说："那件事，你就不要再搞了，因为处在我的位置上，我实在很难处理呀！"

幸之助毕竟还太小，他茫然、不解，甚至还有些委屈。他觉得，自己并没有做错什么事情，他挣的是香烟店老板的钱，这究竟碍着谁啦？况且，由于不用再一趟趟地上街买烟，节省下时间可以在店里多做些活，客人可以快些吸上烟，这是一举多得的好事，为什么就行不通呢？

五代老板看出这孩子心中不大痛快，便拍着他的肩膀和蔼地说：

"阿吉，你很聪明，也很会动脑筋，我算定你将来会很有前途的，何必这样看重每月 2 角 4 分的小钱呢？做大事的人，总要有大的胸怀，你现在这个样子可不像是做大事的人哟！"

尽管老板的话幸之助还不完全懂，但他能感到一种激励，便犹豫着答应一声"哈咿"，退出门去。

打这往后，每当有客人要吸烟，幸之助就不厌其烦地一趟趟往街上跑，客人也只好多等上一会儿。可是脚踏车店却恢复了往昔的平静，学徒们也不再孤立幸之助了。

好多年以后，幸之助回忆说：

"也许当时我应当把赚得的钱分给大家，可是究竟年龄还小，想不到那种做法。"

第一次推销

幸之助来到脚踏车店已经三年，这几年中，在五代老板的关照下，店堂里的各种活计他都大体尝试过，凭借着他的聪明好学，倒也没有什么闪失，五代老板不说什么，心中还是有数的。

不过有一件差事他还没有机会染手，那就是出门推销脚踏车。这项工作都是有经验的伙计去做，一向是轮不到学徒们的。幸之助暗暗在心里存下一个小小的愿望，那就是有朝一日要独立出去推销。他觉得凭着三寸不烂之舌，劝人买下你的货物，实在是了不起的大本事。

忽然有一天，机会不期而至。

那是一个夏日的午后，脚踏车店里闷热、寂静，除了五代老板外，只有幸之助一人当班。他有些困乏，上下眼皮总打架，但他不敢瞌睡，这是店规所不允许的。

"铃……"忽然电话铃骤然响起，是一个姓铁川的先生打来的。铁川先生想买一辆脚踏车，却又拿不定主意，想先看看样品再作决定，要求立刻派人把车子送过去。

"阿吉，这次销售，你去吧。"五代老板说。

幸之助吃惊地瞪大眼睛："老板，您是说让我一个人前去销售吗？"

"是呀。"老板信任地点了点头，"这位铁川先生是个正派人，不会难为你的。你不是总想搞搞销售吗，这一回就让你去试试吧。"

"那可太好啦！可太谢谢您啦！"说着，幸之助给老板深深地鞠了一躬，推了一辆崭新的脚踏车，出了店门。

"独立销售的机会终于来啦！"幸之助骑车穿过船场街区，车子和心情都像是要飞起来。他又想起父亲说过的那句话："小事做不好，老板是不敢把大事交给你去做的。"现在看来，老板还是信任幸之助的。他忽然觉得自己长成了顶天立地的男子汉，可以做一番大事了。

"这第一次销售可千万不能失败呀！"他不断地鼓励着自己，不知不觉已经来到铁川的住处。

"您好，您就是铁川先生吧？我叫松下幸之助。"待人的礼节，五代老板早就手把手地教过，幸之助已然烂熟于心，既不刻板，也不做作，"按照您的要求，五代老板派

SHIJIEMINGRENZHUANJICONGSHU

松下幸之助

我把车子给您送来，请先生看一看吧。"

铁川也是商界中人，马上对眼前这个半大的孩子感到了兴趣，他笑着说：

"五代老板就派你这么一个小家伙到我这儿来吗？你大概还是学徒吧？"

"伙计们全都出去了，五代老板实在派不出别人来。"幸之助说了实话，随即又灵机一动，补充道，"五代老板说铁川先生是个正派人，不一定非得派伙计去吧？"

一席话，说得铁川乐起来："小家伙，挺乖巧啊！"

"先生，您买下这辆车吧！"幸之助不失时机地把话题转到车子上，"您瞧这车多漂亮啊！车体不重却很结实，用起来非常轻便，骑上去有一种腾云驾雾的感觉……"

"人不大，脑瓜倒满机灵呢。"铁川围着脚踏车转，与其说是在打量车子，不如说是在打量眼前这位大孩子。

"多少钱一辆？"

"140元，这个价钱不算贵，我们店里的这种车卖得可好呢。如果在使用中出现什么问题，我店可随叫随到，为您保修。"幸之助一边说，一边观察对方的表情，"您买吧，像您这种有身份又有钱的人，若不早早用上它，那才真是遗憾呢！"

铁川的目光又一次落在幸之助的身上，他沉吟片刻，说道：

"你真是个非常热心的好孩子。好吧，我买下这辆车子就是啦。"

"那可太谢谢您啦！"

"不过——"铁川语气一转，又说，"我的条件是必须给我打九折。这，你能做主吗？"

"打九折？"幸之助知道，五代老板在价格上是轻易不让步的，"九五折怎么样？这已经是最低价格了。"

"如果为难就算了吧！"

"不！"幸之助喊起来，"让我回去问问老板。"

幸之助太想做成这笔生意了，他不愿第一次独立推销就一无所获。他一路小跑回到店里，居然忘记骑车。

"老板，"幸之助满头大汗，进门就喊，"铁川先生答应买咱们的车子啦……"

"是吗？我们的阿吉也能独立推销啦？"五代老板高兴地给幸之助递过毛巾，"钱带回来了吗？"

"还没有，铁川先生要求打九折……"

"这怎么能行呢？"五代老板顿时沉下脸来，"你没跟他说，最多只能打九五折吗？"

"说啦，可铁川先生不同意……"

"哦，那就算了吧！"

"老板！"幸之助急了，几乎哀告地说，"就以九折卖给他吧！求您啦！求您啦！……"

"绝对不行！"五代老板严厉地说，"我们的脚踏车不是卖不出去，没有必要做大幅度的削价。如果开了这样的先例，今后的生意还怎么做？"

幸之助听到这儿，深感失望，禁不住"哇"地一声大哭起来。他觉得自己的一切努力都付诸东流了。

"咦，你这孩子！"五代老板惊讶地说，"我真弄不明

白，你是谁家的店员，替谁说话呀？"

幸之助抽抽嗒嗒地说："这些我都没忘，我就是想把车子卖出去……"

就在这时，铁川先生推着脚踏车跨进门来："我是来送脚踏车的。"他瞥见幸之助的哭相，便对五代老板说，"既然九折不能成交，那就算了嘛，五代老板又何必难为孩子呢？"

"铁川君误会了。"五代老板忙给铁川让座，大家都在一条街上谋生，彼此并不生疏，"我家阿吉是头一次独自推销，他太想做成这笔生意了，因为我只同意九五折，他就急哭了。你瞧，到底还是个孩子。"

"原来是这样！"铁川顿时大受感动，"阿吉，我成全你，那就按九五折成交吧！"

五代老板忙说："铁川君不必勉强。"

"哪里。"铁川说，"其实我并不在乎打不打折。只因为阿吉这孩子太讨人喜欢，我是故意给他出个难题。如果我不买下这辆车，就对不起阿吉这片热心了。"

幸之助听了，顿时破涕为笑。

铁川又接着说道："阿吉是个好孩子，孺子可教，将来必成大器。五代君若是还不满意，就把他让给我吧。"

五代老板当然不会同意让出阿吉的，又说了些闲话，便让幸之助陪铁川去选一辆中意的车子。

车子很快就选好了，临别时，铁川对幸之助说："你很聪明，办事也很用心。不过有一点你记住，销售时价格是不能含糊的，一味地让下去将会无钱可赚。能把东西卖出去而又能赚到钱，这才是真本事。"

幸之助连连点头，这次销售的教训他终生难忘。

丢钱事件

店里发生一件大事，一连几天，盘点时现金和营业额总也对不上账。五代老板敏感地觉察到：一定是有人在偷店里的钱。领班的伙计十分恼火，决心要查出这个小偷，而五代老板却让他不要声张。在接下来的几天里，老板和领班不动声色地观察店里的每一个人，终于发现偷钱的是一个名叫三郎的小学徒。

这位三郎也是一个大孩子，论聪明才智绝不在幸之助之下，他和幸之助都为五代老板所钟爱，不想如今却做出这等事情。五代老板不愿声张，只把他叫到一边，严厉训斥一顿，直把三郎训得痛哭流涕。最后五代老板心软了，说声"下次不可"，此事就算不了了之。

这事本来与幸之助无关，由于老板的严格保密，甚至事情过了好多天他还不知道。他只发现三郎情绪很不振作，每日里埋头干活，连话也很少说。幸之助感到很奇怪，然而在三郎口中却什么也问不出来。

但是这种事是瞒不住人的，终于有一天，一位年长些的学徒悄悄把事情的原委告诉给幸之助，这让他大吃一惊。

"出了这么大的事情，怎么可以马虎过去呢?"幸之助冲动地叫道，"我现在就去见老板!"

那位年长些的学徒慌忙拽住幸之助，几乎乞求地说：

"你可别胡来！这件事老板不让说，你这么搞不是让我为难吗？早知这样，我就不告诉你了。"

幸之助说："别怕，我不说是你告诉我的就是啦！"

幸之助找到五代老板，勇敢地说："老板，听说三郎偷了钱，违犯了店规，可有这事吗？"

"这件事你也知道啦？"五代老板不禁有些意外。

"老板，我觉得您对三郎太客气了。"幸之助恨不能把肚子里的话一古脑儿全倒出来，"店规是您定的，偷东西的人是要被辞退的。可是三郎偷了钱，您却不处理，这让我们大家怎么想？是不是今后大家都可以不遵守店规呢？脚踏车店难道不要办下去了吗？"

"哈，你这孩子，真是咄咄逼人哪！"五代老板笑起来，他希望能使空气缓和，"阿吉，听我给你解释。三郎偷钱不假，可是数量并不是很大啊！"

"数量不在大小，偷就是偷。"幸之助毫不让步。

"现在三郎已经很后悔了呀！"

"有些事情一次也不能违犯，后悔也是没有用的！"

"阿吉，你和三郎不是挺要好吗？"

"那是过去的事情，我不会和一个小偷要好的。"

"阿吉，你到底要我怎么办？"五代老板有些恼火了，"我已经答应了三郎，这件事情就算是过去了。现在你让我反悔，这话你让我跟三郎怎么说？"

"老板，如果您觉得决定是错的，您就应该改正，这没有什么不好说的。"幸之助固执地说道。

"阿吉，"五代老板沉下脸来，有些不高兴，"你不应

该这样对老板说话。"

"老板，我对您是尊重的。"幸之助并无畏惧之色，坚持说下去，"我觉得让我和一个偷钱的人一道工作，这是我无法忍耐下去的。因为我爸爸说过，学做生意，首先要学做一个正派的人，要和正派人在一起。所以，如果您不把三郎辞退，那我就只好告辞了。"

"你这孩子……"五代老板惊讶地说。

一道难题摆在五代老板的面前，三郎和幸之助都是他喜爱的男孩子，他本想把两人都留在身边，现在看来是不可能了。他当然不能让幸之助离开，因为三郎毕竟有过偷窃行为。他犹豫许久，终于抬起头来说：

"阿吉，我答应你……"

第二天，三郎流着眼泪离开了五代脚踏车店。当时，全店的人都默默地望着他的背影在大街的拐角处消失。幸之助想起和三郎相处的日子，心里不禁也有几分酸楚。

好多年以后，当幸之助有了一把年纪，回想起这件事，方才萌生悔意，觉得当年对三郎有些过分。因为三郎毕竟是个孩子，竟然连个改正过失的机会都没有给他留……

父亲去世

在幸之助 11 岁那年秋季的一天，五代老板忽然给他几天假，让他回家看看。这使幸之助感到十分惊讶。当时松下一家早已从乡下迁入大阪，但平日里探亲的机会几乎是没有的。他带着纳罕的心情迈进家门，方知父亲松下正楠早已病入膏肓，此刻正是弥留之际。

幸之助不顾一切地扑上去，大声地呼唤着：

"爸爸，爸爸，您醒醒啊，您的阿吉回来啦！……"

只见松下正楠吃力地睁开眼睛，望着他最小的儿子，眼角淌出两滴浑浊的老泪。他的嘴唇翕动着，似乎有话要说，却什么也没说出来。但他的双眸分明放出异样的光彩，好像千言万语都包含在这最后的凝视之中了。

"爸爸就等着你回来见这一面呢。"姐姐告诉他。

"为什么不早叫我回来？"他埋怨姐姐。

"是爸爸不让。"姐姐揉着早已哭红的眼睛，辩解说，"他说，学徒最怕分心，没有大事还是少回来好。"

终于，松下正楠用最后的力气同亲人作了目光的交流之后，便沉重地闭上了眼睛，从此再也没有睁开。幸之助和母亲德子、姐姐顿时失声痛哭，直哭得天昏地暗。

哭着哭着，幸之助忽然觉得自己不该像女眷一样哭天抢地。父亲殁了，大哥、二哥早逝，身为老三的自己是松下家唯一的男人，这样哭下去何时是个头？

他默默地拭去泪水，挺起身子，轻声对母亲和姐姐说：

"快别哭了，该商量商量给爸爸办后事吧。"

其实操办后事本没有什么好商量的，鉴于家境窘迫，松下正楠早就留下遗嘱，要求"丧事从简"。不过即使这样，仍然有许多琐碎、繁杂的事情令人应接不暇。幸之助毕竟年幼，许多事还得靠母亲和姐姐拿主意，而幸之助凭着在脚踏车店学来的交际功夫，把里里外外一应杂务倒也处理得无可挑剔。母亲德子不止一次对姐姐赞许道："阿

松下幸之助

吉长成大人啦!"

在操办后事的那段时间里,幸之助强撑着,硬是半个眼泪疙瘩也没有掉。直到父亲的灵柩入土时,他才痛痛快快大哭一场,把多日的悲痛一古脑儿倾泻出来。

他想起父亲弥留时那无言的目光,那是只有亲生儿子才能读懂的临终嘱托。

松下正楠早先是农民,他很早就意识到"无商不富"的道理,拿家里多年的积蓄去做稻米生意。最初的经商曾使松下家过了几年红火的日子。可是后来他偶一不慎,赔了个血本无归,松下家从此一蹶不振。松下正楠知道自己再无翻身之日,因而把希望寄托在小儿子身上。

他送幸之助去做学徒,是顶着全家的压力的。母亲德子总是认为应该让小儿子多读点儿书,但松下正楠凭借着"一家之主"的权威,对德子的异议不屑一顾。

在大阪储蓄局任职员的姐姐,为弟弟谋到一个勤杂工的差事,而且可以到局里办的夜校去读书。姐姐以为这是一个两全其美的办法:挣钱、读书,两不耽误。但松下正楠仍不同意,他说:

"我们的阿吉将来是要经商的,这必须从学徒做起,你们局的夜校能培养商人吗?"

说实在的,学徒的生活格外艰苦,尽管五代老板不乏慈爱之心,但对学徒的管束也十分严厉,单调的工作,简陋的饭食,这对于一个孩子来说,都是过于严酷了。幸之助也曾抱怨过父亲的无情,但当他看到松下正楠临终时那奇异的目光时,他似乎懂得了父亲的一片苦心。

松下正楠说过：日本是一个资源匮乏的国家，日本的出路只能是发展工商业。那么个人要有所作为，最好是做一个商人。幸之助忽然觉得，父亲虽然经商失败了，但他的目光始终看得那么远，看得那么深。

发送了父亲回到家，幸之助对母亲说："既然家里的事情都办完了，我今天晚上就回脚踏车店去。"

德子大吃一惊，说："难道多住两天也不行吗？"

幸之助说："如果爸爸活着，是不会让我住下去的。"

他陪母亲和姐姐草草吃了一顿晚饭，就踏着夜色步行回店去了。一路上，父亲那双放射出异样光彩的眼睛时时浮现在他的脑海里。不知不觉，他走错了路，竟然来到父亲生前工作过的大阪盲哑院。盲哑院里死一般沉寂，没有人声，没有灯光。幸之助知道，在这里永远也不可能见到可爱的父亲了。想到此，他不禁伤心地落下泪来。

盲哑院这地方，幸之助以前是常来的。记得去年夏季里的一天，五代老板打发他骑着脚踏车到客户家去办事。由于他身材矮小，而车身又很高，所以不能像大人们那样坐在车座上，一只脚只能从车子大梁下面"掏"过去，蹬起车来很是费劲。忽然他想上厕所，一时没忍住，竟便在裤裆里，夏天衣服穿得少，便出的脏东西顺着腿把脚踏车也给弄脏了。

"这可怎么办呢？"他见许多骑车人都掩着鼻子绕开他走，脸色顿时涨得通红，"看来只好去找爸爸啦！"

他抄近路来到盲哑院，原以为脾气暴躁的爸爸一定会呵斥他一顿。可是这回爸爸竟没有发脾气，而是耐心地帮他收拾"残局",还不住地安慰他：

"不要紧的，男子汉要想混出个样儿来，不吃各种各样的苦头儿哪成啊？"

幸之助连连点头，心说"爸爸真好"。

忽然，爸爸不轻不重地在他屁股上拍了一巴掌，说道："可你算是什么男子汉啊？连个屁股都管不住！"

幸之助一蹦高儿，调皮地冲爸爸扮了一个鬼脸，爷儿俩全都笑了起来。

唉！今后是不会再有父爱了，自己真应当管好自己的事情了。幸之助这样想着，默默地拐回脚踏车店去。

回到店里，五代老板大吃一惊："阿吉怎么回来啦？你不是今天才办完丧事吗？可以在家多住两天的呀！"

"早晚都是要回来的。"幸之助淡淡地说，"也许，干起活来，心情会好过一些。"

五代老板叹道："你这个阿吉呀……"

过了不久，幸之助又回了一趟家。这回是因为母亲德子丧夫之后过不惯城里的生活，决意要回和歌山县的乡下去，幸之助和姐姐都去为她送行。送走了母亲，告别了姐姐，幸之助对自己说：

"做一个男子汉就从今天开始吧！"

参加自行车赛

一晃儿，幸之助来到脚踏车店已经四年多了。他身体虽依然瘦弱，但个头却明显长高了。店里的工作没有他不能干的。由于年龄渐长，他改掉了幼时的两个毛病，一个是尿床，另一个是受了委屈就要哭。

13岁的他，更喜欢做一些外出的工作，比如送货、推销、讨账等等。在五代老板看来，幸之助是一个可以信赖的孩子，所以也乐意把各种独立性较强的工作交给他。

幸之助之所以愿意外出，是因为店外的世界确实太丰富、太精彩了。明治维新后的日本，工商业发展非常迅猛，社会生活日新月异，这对一个孩子来说，哪有不动心的呢？

幸之助外出办事，效率非常高，他仗着自己的小聪明，偷个懒的事也是常有的。比如事情办得顺利，他就会趁机去逛逛街，到热闹处散散心。不过他总能及时赶回来，从不因贪玩而误事。

当时，由于社会生活节奏加快，人们对交通工具也有了较高的需求，脚踏车在普通民众中迅速得到普及。商人们为了多卖车，经常举行脚踏车比赛，这不但促进了脚踏车的普及，也确实提高了脚踏车的销售额。

第一次脚踏车比赛是东京都的商人们搞的。消息传来，大阪的商人们也跃跃欲试，很快就组织了一次脚踏车比赛。那一日，成千辆脚踏车汇成了一道浩浩荡荡的洪流，参赛选手们沿着主要街道追逐着，形成一道壮丽的景观。

那天，幸之助正好外出办事，亲眼目睹了这一场面，在他内心引起强烈震动。这次他回店晚了，不等老板发问，便主动解释说：因为交通阻塞，所以未能及时赶回来。

五代老板摆摆手，表示理解。幸之助马上问：咱们店是专卖脚踏车的，却没人参加车赛，这恐怕说不过去吧？

五代老板说，他何尝不想通过参赛促销？只是店中没有合适人选。幸之助马上说，下次赛事，他希望能代表五代脚踏车店去参加。老板听了，大吃一惊，旁边的店员和学徒们却止不住哄堂大笑，仿佛见到一个自不量力的怪物，因为幸之助实在太瘦小了。

幸之助被他们笑红了脸，叫道：

"笑什么？如果我能得到冠军，到咱们店来买车的人一定会增加！"

大家笑得更厉害了。

老板娘也说："阿吉呀，你的想法挺好，可这冠军不是什么人都能得到的，这件事你还是不要考虑了吧。"

幸之助还是不服："我只是想为五代脚踏车店增光，这有什么不对的吗？"

五代老板的表情变得严肃起来，认真地说道："阿吉，如果你想玩一玩，可以利用业余时间，反正店里有的是旧车子。只是你不能耽误店里的工作，这你懂吗？"

不被人理解，这使幸之助十分苦恼。他无奈地叫了一声"哈依"，心中却说："走着瞧吧！"

下一次车赛又要举行了，幸之助到报名处去报了名，他参加的是少年组。

筹委会每天早晨都组织参赛选手进行训练，幸之助当然也要参加，可又不能耽误店里的工作，所以每天都得早早起床。后来五代老板见他睡眠不足，特许他每天晚上早些就寝，要不然，他真无法坚持到底了。

第一天参加训练，他随着比他高出一头的大孩子们一道进入赛场，忽然一只粗壮的大手把他拦住了：

"小孩子，不要添乱！"

幸之助忙说："大哥哥，我也是来参加比赛的呀！"

"你也参加比赛？小心大风把你给吹跑喽！"

话音刚落，引起一阵哄笑，幸之助涨红着脸蹬上车子，一出手就骑得飞快，他要给那些看他笑话的人瞧一瞧。可他很快就力不能支，渐渐被车队甩在后面，看热闹的人们幸灾乐祸地议论起来：

"这小家伙，不知深浅哪！"

"他以为这是坐车兜风呢。"

"瞧着吧，他不会坚持多久的。"

……

听了这些话，幸之助咬紧了牙根："拼了！"

每天夜色犹重的黎明，当师兄们还滞留在甜蜜的梦乡中，幸之助却一个人在训练场上汗流浃背。因为白天没有时间，他只能利用早晨多练一会儿。等到别的选手到场，他已经独自练习多时了。

在训练场上，他总是一开始的速度极快，可没多大工夫，就两腿发软，上气不接下气，最终被别人远远地甩在后面。他去问教练："没有长劲怎么办？"

教练说："力气也是练出来的呀！"

得了这句话，幸之助如获至宝，心说："只要是有办法的事，我就能做到。"

他为自己制定了一个训练方案。

以前，他只能是早起练车，白天的时间不能利用，而旁人都是全天训练，这使他很着急。现在他想出了办法：何不利用白天工作时间锻炼体力呢？

于是，店里的重体力活他开始抢着干，比如抬笨重的木箱啊，帮老板娘买粮食呀，给被撞弯的车架矫形啊，这些活儿以前是不用他伸手的，可现在他却不让别人伸手了。

五代老板好生奇怪："阿吉，你是怎么啦？早晨起来去练车还不够你累的吗？难道你不要命了吗？"

老板娘也说："阿吉，你还小呢，那些吃力气的活儿让别人去做吧，店里的活儿还怕没你干的吗？"

幸之助微微一笑，为自己找了一个现成的理由："我每天晚上早睡，我的那一份活儿等于别人替我做了，那我白天就应当多做些事情才对呀！"

"唉唉，这个阿吉呀！……"老板和老板娘叹惜着。

过了一段时间，幸之助感到体力明显增加，胸口和两臂的肌肉也渐渐隆起。晚上钻在被窝里，他捏着结实的肌肉块，心中挺满意："不错，像个男子汉了！"

幸之助在赛车场上被别人甩在后面的事也越来越少。一开始他咬紧牙关跟住车队，后来他居然也能把一些大孩子甩在身后了。

超越别人时往往带来一种难以言传的快感，于是超越了第一个人，便想超越第二个人，然后是第三个、第四个……这就要求你不断地拼搏，不断地往前冲。

可是有一天，当幸之助正在超越一个选手时，一不小心，车前轮撞在前车的后轮上，只听"咔嚓"一声，闹了个人仰马翻，幸之助被狠狠地摔在地上。

立即有现场医生和护士跑来把他扶起。幸之助低头一看，心里不禁凉了半截，只见裤腿上已经渗出血丝。"完了，这下八成是要残废了。"他心里想，"不要说参加比赛，连这辈子的生活都成问题呢……"

医生扳动他的腿，他失声叫起来："啊哟，好疼啊！"

医生说："喊什么？又没伤着骨头！"

"什么？没伤着骨头？"幸之助高兴得跳起来，活动活动四肢，心中有了底儿，"骨头没折就不碍事。"这是他初学脚踏车时爸爸说过的话。

"既然骨头没折，还在这儿愣着干什么？"他想，"我还得下场，还得去练车，再耽搁一会儿就该上班了！"

幸之助想到这，急忙去推脚踏车，可是一阵疼痛立即传遍全身。护士在他身后喊："你这小孩，还没给你上药哪！"幸之助低声吼了一声"不用啦"，翻身上了车子。

回到店里，老板娘发现他的腿上有血迹，忙把他拽到一边，只见裤子已经和伤口粘在一块儿了。

"阿吉呀，阿吉呀，"老板娘说，"你不要再练车了，咱们店比你高大的孩子都不练，你逞什么能啊？"

"不练可不行！"面对老板娘的抚爱，幸之助忍不住说出心里话，"我现在已经没有回头路了。老板让我每天早睡，这是店里从来没有过的事情，不要说是反悔，就是比赛中拿不到名次，我也没法回来见老板哪。"

"啊哟，阿吉呀！"老板娘惊叫道，"你才多大的孩子，心事好重啊！……"

比赛的日子终于到了。五代老板特意为幸之助装了一

辆"国王牌"脚踏车，老板娘为他选购了一身运动服。

比赛的枪声一响，焕然一新的幸之助就像一只机灵的小鹿，一下子蹿到了前面。在3000米的赛程中，他一路遥遥领先，终于赢得了少年组冠军。

当幸之助领奖回来，远远在人群中见到老板娘，他一下子扑在她的怀里，眼泪弄湿了老板娘的衣襟。

看客中有人说："瞧这娘儿俩！"

这话幸之助和老板娘都听见了，可他们谁也没吭声。

不辞而别

转眼间，幸之助在五代脚踏车店工作了7年，他已经长成16岁的大孩子了。作为一个学徒，他赢得船场街区商家的一片赞誉，都说幸之助是一块经商的料，这样的人才是百里难挑一个的。

五代老板也深深喜爱着幸之助。他和老板娘没有子嗣，甚至想过年老时，把五代脚踏车店托付给他，虽然现在想这事还有些过早。

可是有一天早晨，当五代老板照例来喊学徒们起床时，却惊讶地发现，幸之助已经不在了，在叠得整整齐齐的被褥上，找到他留下的一封信。

老板娘急急忙忙跑来："怎么啦？阿吉哪儿去啦？"

五代老板把那封信送到她的手上，失神地说："阿吉另谋高就去了……"

老板娘展开信，只见幸之助写道：

尊敬的老板：

请原谅晚辈的不辞而别，对不起。

我一直认为电气事业是一项前途无量的事业，并向往在这块天地里发展自己。我去意已定，目标是大阪电灯公司。我在此正式向您提出辞职，望您能接受。

"阿吉走啦？就这么走啦？……老板娘惊叫起来。

"其实我早该发现，"五代老板喃喃地说，"阿吉这孩子早已经喜欢上电了……"

没错，幸之助早已把目光投向方兴未艾的电气事业。

明治维新之后，日本大量引进西方文明，电业的发展使整个日本社会充满了活力。

在大阪，短短几年中就有了自己的电厂，有轨电车也布满全城。当五代脚踏车店第一次点亮了电灯，白花花的灯光使幸之助目瞪口呆。多么奇妙啊，两根细细的电线，竟能牵来那么一大片光明！

而脚踏车行业在经过了短暂的辉煌之后，却是每况愈下。脚踏车不是经常的消耗品，由于迅速的普及而使社会需求量趋于饱和。近年来，五代脚踏车店的销售额锐减，只能靠经营零配件来维持。

幸之助不止一次对同伴们说："未来的世界必定是电气的世界，电气事业将是最了不起的事业。脚踏车是没法和它比的。"看来他早就在盘算着转行了。

五代老板叹道："怨我，怨我，我怎么就没早注意到阿吉的变化呢？"

老板娘没理他，只顾埋头看信。

老板和老板娘对我的养育之恩，我终身难忘。七年来您们的言传身教，使我初步懂得了如何经营，怎样做人，我将把它视为最宝贵的财富。

我本应一辈子留在您们的身边，报效您们。怎奈电力事业对我有莫大的诱惑力，或许那里更能让我有所作为，请原谅我的冒昧选择和失礼。

请二老放心，无论今后我从事什么工作，我都会学习您们的样子，努力奋发，决不会给您们和船场街的前辈们丢脸的。

"可是，阿吉要走为什么不告诉我啊！"五代老板难过地说，"至少我能给他出出主意，我是过来人，经验还是有的。还有，我会对他说，在外面混不下去，早早回到我这儿来，我这儿就是他的家呀……"

其实，五代老板哪里知道，幸之助几次想把另谋出路的想法告诉老板，可话到嘴边就是说不出口。

对幸之助来说，这个生活了七年的店铺，确确实实已经成了自己的家，而那个远在和歌山县乡下的家，却仿佛变得十分遥远，十分陌生。

而今，真要离开这里，不仅有些舍不得，甚至还有些愧疚，觉得对不起老板和老板娘。

然而，外面的世界那么精彩，他实在不愿意在一家小小的店铺里终老一生。

一连好多天，他闷闷不乐，魂不守舍。五代老板看出他的情绪有些异样，便说："阿吉，你怎么啦？如果想家的话，可以给你几天假，让你回去看看。"

可是幸之助却摇了摇头。

"这话实在没法对老板说，"他最终下了决心，"只好留一封信，请求原谅吧！"

老板，您腿疼的病应该注意。我为您买了专治风湿病的膏药，放在柜台的下面。听说这种药很好使。

娘，您发给我的衣服，有 14 件没有穿过，都留下了，请娘发给别人吧。这也许会为您减轻一点儿劳累吧……

读到这里，老板娘忍不住落下泪来，泪珠滴在信纸上。她对丈夫叫道：

"还愣着干什么？还不快把阿吉找回来？阿吉才 16 岁，他还是个孩子啊！……"

"可你让我上哪里去找啊！"五代老板一筹莫展地说，"就是找到了，又怎么样？阿吉的性情是很倔强的，他认准的事，从来都是要走到底的。"

过了好一会儿，五代老板又说：

"让他闯去吧！阿吉这孩子，说不定能做成点儿大事呢！"

一心要进电灯公司

幸之助离开五代脚踏车店，便来到姐姐家，姐姐已经

结婚。姐夫龟山是个热心人，把幸之助当做亲弟弟看待，他已答应为内弟在电灯公司谋求一个职位。

幸之助向姐姐、姐夫说，他想明天就到电灯公司去上班。谁知龟山一拍大腿，说道："阿吉呀，你太莽撞了。你干嘛着急辞职呢？你以为进电灯公司那么容易吗？"

姐姐也说，申请进电灯公司工作的人很多，暂时没有空额，只好先等一等。

幸之助顿时愣住。他原以为离开脚踏车店，马上可以投入新的工作，谁知现在竟是两头落空。

脚踏车店是不能回去了，只好在姐姐家暂住一时。

这一住就是半个月，电灯公司那边还是没有消息。

深知生活艰辛的幸之助无论如何也等不下去了，何况他一向是劳作惯了的，一旦闲下来，反而比生病还难受。

他决心先找个工作。总不能一辈子进不去电灯公司，就等着吃闲饭呀！

有一天，他在街上走，见到一张"樱花水泥公司招收搬运工"的广告，马上赶去报了名。公司的主管见幸之助身材瘦弱，虽然皱了皱眉，到底还是录用了。

当天晚上回到家，幸之助把这事一说，姐姐当时就哭了。父亲和两个大弟弟均已早逝，幸之助是松下家唯一的男孩，一向瘦弱的小弟弟如今竟当了搬运工，这使姐姐生出一种愧对亡父的酸楚。

"姐姐，你哭什么呀！"幸之助劝慰道，"别为我难过。别看我长得瘦，以前在脚踏车赛上还得过冠军呢。再说，我也不是一辈子当搬运工，可我在进电灯公司之前，总得有个事情做，我不能呆在家里吃闲饭啊。"

其实做搬运工远比参加脚踏车比赛更加严酷，更加无情。别的搬运工一个个都是身强力壮，膀大腰圆，将一袋袋水泥搬到台车上就像玩儿似的，可对身单体薄的幸之助来说，那简直就是炼狱和煎熬。

装车、推车和卸车，每一个环节都是力的较量。别人的力气好像永远都用不完，而幸之助的每一分力气都得从骨髓里往外挤。满身的汗水搅和着烟尘，在身上和脸上冲开千百条黑色的河流，那些脏东西仿佛是从毛孔里流出来的。

"小鬼，你不该吃这碗饭！"好心的工头说，"干脆，你去看守测量水泥的机器吧。"

幸之助连声道谢。然而只干了一天，他就要求再调回来，因为看守机器的工资太微薄了。"我要和大家挣一样的钱。"他对工头说。

"可你会吃不消的。"

"我能行！"

每天回到家，幸之助全身的筋骨都好像要散架子，可他还得装出若无其事的样子，为的是不让姐姐见了伤心。

有一天回到家，姐姐说，五代脚踏车店的老板娘来过了，谁知道她怎么会找到这个地方。老板娘说，既然幸之助没能进入电灯公司，希望他还能再回店里去。

"回去吧！"姐姐说，"卖脚踏车总比搬水泥强。"

"不能回。回去以后，就不能提出再走了。"

"阿吉呀，你呀，你呀……"姐姐无奈地连连叹息。

其实，幸之助是表面上嘴硬，心里头却掀起阵阵感情

的波澜。他真想扑到老板娘的怀里好好地哭一哭，就像当年获得脚踏车比赛冠军时那样。

在以后的几天里，每当他搬运水泥力不能支的时候，老板娘的身影就一再浮现在眼前。他真想把笨重的水泥包扔到一旁，一跺脚返回到脚踏车店去。

可是理智却又告诉他：千万不能回去，回去就是服软，就是认输，就是承认自己不够男子汉。

两种想法在打架，弄得幸之助好苦恼。

从姐姐家到樱花水泥公司，中间要过一条河。这天，幸之助乘坐汽轮去上班，由于身体和精神一直处于高度紧张状态，所以竟在神情恍惚间不慎被人挤下水去。汽轮马达的轰鸣声压住了一片呼救声，船驶远了，只留下幸之助独自在水面上挣扎。

从来不会水的幸之助心想：完了，我就要死在这里了。不大一会儿，他就浑身冰凉，四肢无力，身体开始向水下沉去。他喝了几口水，可是本能使他不甘心就这样结束生命，于是用最后的力量又挣扎起来。

就在这时，另一只船驶来，船上的人发现了幸之助，他总算获救了。

这件事情虽然令人后怕，可幸之助却从中悟到一些道理——当时落入水中，尽管极度绝望，可毕竟没有放弃挣扎，坚持一段时间之后终于获救。假使当初不坚持，那么一切也都无从谈起了。

他进而想到眼下的境况——假如退回到五代脚踏车店去，今后还好意思再向老板提出辞职的请求吗？搬运工的工作固然很苦，但也不是不能坚持下去，难道电灯公司的大门就永远也敲不开吗？

想明白了这些道理，幸之助觉得心里敞亮多了。在他此后的一生中，"再坚持一下"成了他终生的信条。

在樱花水泥公司咬牙苦干了三个月之后，终于接到了电灯公司的录用通知，幸之助又揭开人生新的一页。

并非总是优秀

幸之助做了电灯公司的见习生。按照公司的规定，见习生还不能算是正式职员，要到三年以后，考核过关，才能转为正式工人。可是幸之助凭着他的聪慧好学，勤勉肯干，技术提高得很快。到第三个月头上，公司举行技术竞赛，他居然捧回个一等奖。这时恰好赶上公司扩展业务，他被破格转正，并提升为工程领班。

在当时那个年代，电气刚刚被引进日本，在许多人眼中，电还十分神秘。家中安装电器，哪怕小到一只开关，也得专业人员来处理，普通百姓是不敢染指的，所以当时人们对电业工人全都敬若神明。当人们见到一个17岁的领班率领着一班比他年长的工人，走家串户安装线路时，真是惊异得要命。

在日本，武士道精神深入到社会生活的方方面面，人们从小就学会服从，可以说是"官大一级压死人"。幸之助当学徒时没少挨老板的耳刮子，现在他当上领班，也可以打别人的耳刮子了。那些比他年长的工人或见习生，挨

了打还得身体笔直地回答一声"哈依"，只不过幸之助很少利用领班的这一特权。

当时有相当一些电业工人生活上比较放荡，由于在社会上受人尊重，加之收入不菲，许多人在业余时间出入酒楼妓馆，纵情声色。幸之助当上领班之后，也有人请他一同去玩一玩，但他全都婉言谢绝了。

幸之助知道，要想在电业这一行里站住脚，就不能总当外行，他把业余时间都用在学习上。

可是，他很快发现，那些电气专业书籍不是那么轻易就能啃动的。他小学没毕业就出来做学徒，底子太薄啦。

他又想起了父亲。

父亲一向是轻视文化学习的。他认为只要学好经商，能赚到大钱，就可以雇佣有文化的人，无须自己去学习。

幸之助崇敬父亲，从来都是按照父亲的意思去做的。可是现在他发现，在现代化的电业岗位上，不同于旧式的学徒，没有文化知识就只能永远做最低等的工作。

他第一次对父亲的教诲产生了怀疑。

这时发生了两件事，对幸之助刺激挺大。

第一件，由于幸之助工作认真，作为领班每天填写的"作业传票"都比别人弄得仔细，这深得上司的赞许。所以在当上领班不久，他就被调到营业所里当办事员，也就是说，他可以不再领着工人四处奔波了。可是他只在办公室坐了一两天，就觉得无法适应工作，原因就是他的文化水平不够。他主动对主任说："还是让我回去当领班吧。"主任说："也好。也许我们一开始就不该把你调上来。"

第二件，他和同事们寄宿的那家公寓，管事的来找幸之助，求他在洗盥室里写几个字："节约用水"。这几个字幸之助倒是会写，可是写得歪歪扭扭，中间还错了几个假名（日语中的字母）。管事的说："你写的这是啥呀！"后来，管事的找来另一个人重写，这让幸之助很难堪。

"我还年轻，重新学习还来得及。"他想。

这时，恰好关西商工学校夜校部招生，幸之助便去报了名。夜校地处偏远，每天下班后先坐一段电车，再步行几十分钟方可到达，稍不小心就会迟到。每晚上课三个小时，教学进度很快。幸之助咬紧牙关坚持了一年，总算念完了预科课程。

当他拿到结业证书时，心头一半是喜，一半是忧。当初一同入学的共有 700 人，坚持到底的只剩 300 人，而在这 300 人中，幸之助的成绩排在第 170 位。

"为什么不是最好的？"幸之助一向心志极高，不甘人后，这中等偏后的学习成绩令他羞愧。"念本科时一定要加倍努力，既然要学习就应当是优秀！"他暗下决心。

世界上的事情往往不能遂人心愿。幸之助升入夜校的本科班，课程更深了，尽管他使出吃奶的力气，还是跟不上。最令他苦恼的是，课堂笔记他记不下来，一方面是老师讲得太快，另一方面是他记得太慢。他幼年失学，不会快速书写，每当他记下一句话，老师已经讲了十来句了。

"老师，慢一点儿！"

立即有人反对："这个班又不是你一个人在上课！"

记不下笔记，就意味着回去无法复习，不能复习就会导致课程跟不上。幸之助只在本科班读了很短一段时间，落下的课程压得他喘不过气来。

这时候，他本来就很孱弱的身体实在支撑不住，每日里四肢乏力，面色潮红，咳嗽，出虚汗，发低烧。他决定退学，临别时对老师说：

"对不起，老师讲得真好，是我跟不上。"

老师说："没关系，哪个班都会有不好的学生。"

那天晚上，在回去的路上，幸之助仰望夜空，心情十分沮丧。忽然他大喊一声，仿佛要吐出满肚子的懊恼：

"这把不算，我以后还是要学的！"

奇特的养病方法

幸之助确实是生病了。他去看医生，诊断说是得了痨病，医生让他全面休息，加强营养，一年半载可望痊愈。

听了这话，幸之助登时愣住，半晌说不出话来。

痨病又叫肺结核，在当时差不多是一种要命的病。由于没有特效药，人们往往"谈痨色变"，这就难怪幸之助也要大吃一惊了。

他回到公寓，关上房门，躺在床上想心事。

他的父亲和几个哥哥、姐姐都是死在痨病上。前不久去世的母亲德子也曾患过痨病。没想到这可怕的病症如今找到自己的头上，难道松下一家命中注定都要死于痨病吗？

"我不能死，我还年轻，"幸之助心想，"我一定要想办法活下去……"

可是，想活命谈何容易？医生说的"全面休息"这一条就做不到。按照电灯公司的规矩，工人是按日计酬，耽误一天工，就要扣一天的工资；"全面休息"就意味着失去工作，没有收入，这对幸之助来说，同样是一条死路。

幸之助只好根据自己的实际情况来养病了。

"我不能休息，必须一边工作一边养病，而且还要把工作做好。"幸之助想，"这就要靠多动脑筋了。"

想出对策，幸之助觉得身上有些轻松了。

这时，有人敲门，是公寓管事的来叫幸之助吃晚饭。

管事的知道幸之助去过医院，关切地问："松下君，听说你病了？大夫怎么说？"

幸之助轻描淡写地回答："是感冒，很快会好的。"

他决定不把患痨病的事对任何人说，因为这事很容易传到公司。公司会很客气地请他回家养病，这他受不了。

幸之助照常领着工人们外出干活。既要工作，又要养病，这就只能设法不过多地消耗体力。

当时电气事业刚刚传入日本，电工操作并没有形成什么规范，存在许多多余的程序和笨拙的工艺，这就有可能找到窍门，使操作变得简便。平常没有人注意这些事情，可幸之助是个病人，疾病逼迫他用简捷的方法来达到目的。

他把他的发现教给手下的工人，大家试着一做，果然效率大大提高。工人们高兴地说："松下君不要干活了，你就想办法让大伙儿省劲就行。"

幸之助还总是事先计划好一天的工作安排，尽量减少不必要的环节和疏漏。那时他还不懂这就是"管理"，是可以发展成为一门学问的，他只是感到："原来动动脑筋就能做到事半功倍，真是太奇妙了。"

工作效率提高之后，出现了一个连幸之助都没想到的结果。有时，原定三天的工作，两天就干完了。遇到这种情况，幸之助就让大家下班，自己也赚出一天休息时间。

后来这种事情逐渐多起来，有时三天能休息一次，有时五天能休息一次，这对幸之助的病体是很有好处的。

公司有时来检查，幸之助班组干的活从来无可挑剔。

幸之助除了工作外，尽量少与人接触，连姐姐家也很少回去，因为痨病是要传染的，他不希望再去传染别人。

在生活上，他很注意营养，尽量把饭吃好。他虽挣钱不多，但毕竟是独身一人，又没有烟酒等嗜好，全部收入都用来吃饭。

他没再去医院，但觉得出虚汗、发低烧等症状在不知不觉中减低了，消失了。

终于有一天，姐姐来找他，一见面，姐姐就抱怨说："阿吉呀，你把姐姐忘了吧？为什么总也不去看姐姐？"

幸之助只好推说工作太忙。

好在姐姐并不是真要兴师问罪，话题一转说："阿吉，你不小了，该成个家了。姐姐给你物色了一个人，你们见见面好吗？"见弟弟没回答，姐姐又说，"阿吉，我知道你总想先做出一番事业再考虑婚事，可你现在已不小啦，你是松下家唯一的接续人哪！"

不管姐姐怎么劝说，幸之助只有一句话："让我再考虑考虑。"

其实，幸之助"考虑"的只是他的病体，总不能带着痨病去见人家姑娘吧？

送走姐姐，幸之助去了一趟医院。医生经过一番检查化验之后，惊讶地说："真是好奇怪啊！才一年多一点的时间，你的病居然全好了。你不会是吃了什么偏方吧？"

幸之助笑道："我的偏方就是，不到万不得已的时候决不躺下。"

情投意合的伴侣

幸之助去见姐姐，对她说："我考虑好啦，可以和您介绍的那位姑娘见一面。"

姐姐喜出望外，说道："你同意啦？这可太好啦！我还以为你真要打一辈子光棍呢！"

其实，幸之助岂能不懂"男大当婚"的道理？他以前确实是想待事业有成，再谈成家的事，后来又由于生病，这事就拖下来了。此外，还有一个重要的原因，那就是他总想找一个情投意合的姑娘。

在大阪电灯公司，并不乏天仙般的女孩子，以幸之助的聪明才智和骄人业绩，诚实品格和青春气息，自然引起许多女孩子的注意。

每当她们与幸之助在路上相遇，她们总是垂手低头站立一旁，道一声："辛苦了，松下君。"幸之助对这些可爱的女孩子也是以礼相待，从未想要从她们之中挑选一个。

有一位佳代小姐，总是想方设法同幸之助接触，不是提出各种各样的问题向他请教，就是一再向他学习电工接线技术，而且总是学不好。有几次，她还大胆地请求幸之助送她回家。可幸之助从未想过这背后还有什么其它的东西。

姐姐精心安排了弟弟和那位姑娘的会面。第一次会面是姐姐在家中举办了一次相亲聚会，女方家属全来了。席间，那位姑娘低头不语，只是偶尔回答姐姐的问话。幸之助没敢正眼瞧她一下，以至散席之后还说不清姑娘长什么模样。第二次会面是姐姐安排他俩看一场电影。这一场电影幸之助根本没看好，只是借助银幕上的折光偷看身边的姑娘。这一回，他看清楚了，昏暗中的姑娘眉目清秀，确有动人之处。后来他发现姑娘也在偷看他，两人目光一碰，又急忙分开了。这一场电影，他俩没说一句话。

回到家中，幸之助问姐姐："那位姑娘叫什么名字？"

姐姐嗔怪地说："瞧你，告诉你多少回，你总也记不得。我再告诉你一次——她叫井植梅之……"

这回幸之助记住了：井植梅之，出身寻常人家，念过小学，现在大阪给人家帮工，勤劳肯干，心灵手巧。

幸之助说："姐，我同意了。"

幸之助订婚的消息在电灯公司引起轰动。在表示祝贺的人群中，幸之助发现了佳代小姐那哀怨的目光。他忽然读懂了那目光背后的含义。

他忍不住拿佳代小姐和井植梅之作一对比，觉得佳代小姐虽更富热情，但出身富贵人家，不懂生活艰难，而井植梅之出身底层，吃苦耐劳，可望成为自己的贤内助。

幸之助觉得自己的选择是对的。

他用积攒了半年的钱，又向亲属们挪借了一些，凑足了结婚最起码的数目，终于在 1915 年 9 月 4 日与井植梅之完成了花烛之喜。

井植梅之曾学过插花技艺。新婚之夜，她把一束鲜花插在一只瓦罐里，对她的郎君说：

"愿我们的小家如这花束一样，花团锦簇。"幸之助说："哪有用这么粗糙的瓦罐做花瓶的呢？"

妻子说："粗糙才能衬托出花的高贵，这正如我们的家，虽很简陋，但我们人并不简陋啊！"

幸之助听了，对妻子的见解大为赞赏。他们并肩而坐，久久地欣赏那一罐鲜花，像是欣赏他们自己。

结婚后，井植梅之按照日本风俗不再出外做事，她用丈夫每月 20 元收入，把生活安排得井井有条。如果说幸之助在婚前对她的了解并不多，那么婚后他很快就和妻子建立起深厚的感情。

在领略家庭幸福的同时，幸之助也生出一丝忧患情绪。以前自己独身一人，每月 20 元收入尚且没有结余，现在两人生活，而自己身体孱弱，万一病倒，这个新成立的小家岂不立即陷入恐慌之中？

世界上的事情实难预料，有时你越怕什么，命运偏偏给你送来什么。婚后不久，幸之助又出现了出虚汗、发低烧的症状，不上医院他也明白，这是痨病又复发了。

好在这时幸之助已被公司提拔为检查员，这是多少人可望而不可求的美差。每日只须工作半天，其余时间尽可以悠哉游哉，幸之助也正好利用这些时间来养病。

井植梅之以丈夫微薄的收入维持着他们的家，还要四处寻医找药。幸之助望着她那忙碌的身影，有一句话常挂在嘴边：

"真辛苦你啦！"

妻子总是莞尔一笑说："瞧你，又说客套话啦。"

幸之助半躺在床上，家里什么事也不用他做，一向忙忙碌碌的他，此刻却无所事事。只是脑子却不肯闲下来，一些平日来不及思索的事，正好在生病的时候好好想一想。

他从自己 9 岁离家想起，这十几年中，先是做学徒，后是当工人，可以说都是端别人的饭碗，受制于人，弄得连病都生不起，说来真是没趣得很。现在自己有了家，养家糊口却又是那么艰难，倘若将来再添了孩子，这副家庭重担真不知自己能否挑得起。忽然他心里生出一个念头："为人作嫁，终归不是办法。即使自己开一间最简易的小商店，也比这样拿人俸钱，受人驱使好得多。"这想法一出，连他自己也大吃一惊。

当然，真要脱离工作了将近七年的电灯公司，并不是一件容易的事。现在自己已是人人羡慕的检查员，至少生活是有保障的。一旦离开现在的岗位，不要说能否比现在过得好，恐怕能否生存都是个问题。他把这个念头埋在心里，甚至没有对妻子说。

新创意改变了人生轨迹

幸之助做了检查员，空闲时间很多，虽说这有利于养

病，但他偏偏是个闲不住的人。"总得找点儿事情做。"他想，"可是做点儿什么呢？"这时，他想起这几年一直牵挂在心的电灯插座，"这事拖得太久了，既然想到的事情，就应该把它解决。"

原来，他很早就发现，市面上通行的电灯插座在设计上有许多不足，比如电线是用螺丝固定，再用焊锡焊牢，操作起来十分麻烦，万一出现故障，又很难修理。他早就想过：电灯插座能不能变个样子呢？

这个想法只一闪，但他马上否定自己：既然电灯插座从来就是这个样子，恐怕是有道理的吧？

后来有一件事使他改变了想法。

那是一个春风和煦的傍晚，在下班回家的路上，幸之助遇见一位光着一只脚的老阿婆，正满面愁容地坐在路边的大树下，手中摆弄着一只坏了的木屐。很显然，木屐坏了，老阿婆没法赶路了。

所谓木屐，就是日本早年流行的一种木头鞋。这种鞋是从中国传过去的，它与澡堂子里的"拖拉板"不完全一样，但有着千百年一脉相承的固定样式。

幸之助见状，走了过去："阿婆，需要帮助吗？"

老阿婆说："好孩子，帮我把鞋修一修吧。我这老太婆光脚走路，像个什么样子啊！"

幸之助拿起鞋看了看，只见它损坏严重，几乎无法修理。后来他动了动脑筋，改变了鞋的结构，居然把鞋修好了。虽然和传统木屐不大一样，至少老阿婆可以走回家了。

这件事给幸之助一个启示，既然木屐可以改变样式，为什么电灯插座就不能改变一下呢?

早先他就在改良电灯插座上动开了脑筋,不过因为事务缠身,一直也没有多大进展。

这回好了,既当了检查员又生了病,闲下来不琢磨插座的事,还真没啥好干的呢。

于是幸之助找来几个电灯插座,装了拆,拆了装,还画了许多只有他自己能看得懂的草图。

井植梅之见了奇怪,问道:"你这是在做什么呢?"

幸之助道:"说了你也不懂。"

井植梅之说:"别不是在搞什么发明吧?"

幸之助很是惊讶:"你是怎么看出来的呢?"

井植梅之说:"我原先帮工的那家,有一个工程师,也是一天到晚画呀画的,不过人家比你画得好。"

幸之助笑了,把自己正在做的事告诉了妻子。

井植梅之说:"好嘛,我正希望你能有点儿事情做。一个大男人,不做点儿事,容易把志气磨没了。"

幸之助觉得挺欣慰,觉得妻子还满有见识。

过了一段时间,幸之助的病情大有好转,毕竟现在有了家,有了妻子的精心呵护,好像比上次康复还快一些。

就在幸之助身体痊愈的时候,一种用金属片代替螺丝钉,电线放进去即可夹牢的改良电灯插座试制成功了。

幸之助按捺不住异常的激动,满怀希望地找到主任,向他介绍了试制新插座的经过,把新旧插座的优劣做了对比,最后表示希望公司能采用这种插座。

主任惊诧地把新型插座翻来覆去地看了半天,说道:

"好吧，我会向公司汇报的，请有关方面鉴定一下。"

幸之助没有得到他所期盼的肯定和赞扬，不禁有些失望，不过仔细一想，主任也有道理，鉴定一下总是应该的。

过了几天，主任来找幸之助，对他说："松下君，你的改良插座公司看过了。公司认为，用你的新插座当然可以，但用旧插座也没什么不好。由于旧插座大家都用惯了，所以没有必要改用新的。"

幸之助问："这么说，公司对新型插座不感兴趣？"

主任说："松下君，我们是电灯公司，不是插座的生产厂家，我们用不着为插座操心。再说，公司的旧插座还有许多库存，一旦采用新插座，旧插座怎么办？我劝你当好你的检查员就行了，别再跟插座过不去……"

幸之助觉得从头到脚都凉透了，主任下面的话他没听清，也不知怎样同主任道别的。当他走到大街上，傍晚的凉风使他有些清醒，同时心中也升起一股愤懑与不平。

"这种新型插座一定会受到电工们欢迎的。公司的头头们高高在上，他们才不在乎操作起来麻烦不麻烦呢。"他一路走一路想，"如果我自己把插座做出来，拿到市场上一定好卖。看来这事只能指望自己了。"

他又想起父亲。父亲的最大愿望就是要让儿子成为一名商人，而不是要他做一个端别人饭碗的职员。现在自己已经23岁了，是实现父亲的愿望的时候了。

想到这里，"脱离电灯公司"的念头马上又浮上心头。"这事得跟梅之商量。"这样想着，他加快了脚步。

当天晚上，当他和妻子就寝之后，他谈了自己的想法。

昏暗中，他依然能看到井植梅之那明亮而专注的眼睛，感觉到她的胸部在微微起伏，呼吸有些急促。

"我想听听你的意见。"幸之助小心地说，"如果你不同意，我是不会乱来的。"

"你是不是都想好了？"井植梅之轻声说，伴随着她那细细的鼻息声。

"不敢说全都想好了。"幸之助叹道，"这是一次冒险，弄不好，就得去讨饭……"

"我说的不是这个。"井植梅之说，"我是说，你真的舍得检查员的位置吗？"

"检查员我已经做够了，"幸之助说，"而且，我在电灯公司的职位已经到顶，今后不会比检查员再高了。如果出去闯一闯，也许比检查员过得更好。"

"就照你的想法去做好啦！"井植梅之说，"男人不闯闯，终究不会有大出息。万一真的要了饭，我和你一道去就是，你在前面走，我在后面跟。"

"梅之！"幸之助激动地把妻子揽在怀里。

第二天，幸之助一大早就来到主任办公室，毕恭毕敬地呈上他写给公司的辞职申请。

"松下君，你这是要做什么？"主任大吃一惊，"还是为了你的插座？你可要三思而行啊！"

幸之助平静地说："谢谢您，我已经下了决心，还是让我离开吧！"

电灯公司的生活就这样结束了。当年进到这里来，曾经费了好大的周折，而要离开却只是三言两语。

走出底层

当选议员是一个标志，28 岁的区议
员已经不再是社会底层的小百姓了……

初战告捷

辞职回家的当天晚上，幸之助失眠了。虽说告别电灯公司是经过深思熟虑的，但真的一旦离开，心里总觉得不是滋味，毕竟在电灯公司奋斗这么多年，难免有几分依恋之情；展念未来，前途未卜，又生出几分忧虑。人哪，就是这么奇怪，明明是自己决定了的事，真正干起来却又这样瞻前顾后，怅然若失。

"松下君，如果外面的日子不好混，请及早回来。"临别时主任的话又响在耳畔。

"既然已经离开，哪有回头的道理？"幸之助躺在被窝里，心中说道，"不要胡思乱想啦，还是把怎样办好工厂的事再好好想一想吧！"

想到这儿，幸之助的思路又转回到现实。

要办工厂，最大的困难是没有资金。幸之助辞职一次性领到离职金33.2元，公积金42元，再加上家里原有的20元积蓄，拢共95.2元，这点钱是绝对不够的。

"第一步，要想办法借钱。"幸之助心想。

还有，办工厂还须有厂房，看来只好占用自家住房了。幸之助家有一大一小两间住房，大的7平方米，小的4平方米，夫妻二人可以到小屋去住，大屋用来做仓库，生产就只能在院子里进行了。

"至少要有个棚子，起码能挡挡风雨。"幸之助心想。

再有就是人手了。办厂总得雇用工人，仅仅是自家夫妻是不够的，井植梅之说可以把她的娘家兄弟叫来帮忙。

"最好我再找两个朋友。"幸之助心想。

最后一个问题是个技术问题。幸之助当初研制改良型电灯插座时，是利用旧插座的外壳。现在自己要办工厂，首先就面临一个制造插座的胶木外壳问题。

"不要多想了，事情总得一个一个去解决。"幸之助打了一个大大的哈欠，昏昏沉沉地睡过去了。

这以后的几天里，幸之助和井植梅之忙得连吃饭的时间都没有，总算把一切准备工作做到了位。

首先是他们在亲友中间挪借了一百多元钱，加上自己原有的一共是二百多元流动资金，大家都不富裕，再想多借是不可能了。

再有，院子里的工棚也已建成，虽然简陋，起码太阳晒不着，不过雨下得太大了就得停工。

还有，井植梅之的娘家兄弟，15岁的井植岁男也从家乡赶来，怯生生的，对姐夫毕恭毕敬，幸之助很是喜欢。

此外幸之助还从电灯公司找来两位老朋友，一个叫林伊三郎，一个叫森田延次郎。当然，人家是向公司请了长假，而不是像幸之助那样提出辞职。

现在万事俱备，只等开工了。

一旦开工，制造胶木外壳的技术问题就提到日程上来了。这是幸之助一直忧虑的一件事，现在躲不过去了。

四个男人，三大一小，就在简易的工棚里开始了胶木外壳的试制工作。

幸之助好像听人说过，胶木外壳是用沥青、石棉和滑

石粉混合加热压制而成，至于三种原料的比例则一无所知。当时这种外壳的制造工艺，生产厂家对外是保密的，泄露出去等于断了人家的财路，所以连打听都没处去打听。

"我们自己试着干！"幸之助对大家说。

他们在工棚摸索了几十天，竟毫无进展。

"这样可不行！"幸之助说，"咱们就像没头苍蝇，东一头，西一头地乱撞，啥时是个头？"

不知是谁出了个主意，于是他们跑到生产类似产品的厂家墙外，从垃圾中拣回人家烧坏的胶木外壳进行研究，却还是不得要领。把幸之助气得真想和别人发一通脾气，可是不行，大家都是来帮忙的，他还得笑脸相迎。

天无绝人之路。就在他们一筹莫展之际，忽然得到一个消息：原先在电灯公司的同事田中君掌握这门技术。

原来，田中是早一步离开电灯公司的，先在一家烧制胶木制品的工厂做技工，并已掌握了制作方法。后来他自己建厂生产，现在经营失败准备另谋出路。

"快，把田中君请来！"幸之助大喜过望，喊道。

田中来了。大家先前都是同事，他又深深敬佩幸之助的人品，所以没多费唇舌，他就将胶木器件的配方和烧制方法和盘托出。

这真是踏破铁鞋无觅处，一旦入了门，才发现一切竟是那样简单。

又过了几天，他们终于烧制成了挺不错的胶木外壳，装入铜片，接上电线，电灯亮了。改良型电灯插座成功了。

这几十天，梅之一直在给大家洗衣做饭，烧茶递水，绝不比旁人轻闲。此刻，见丈夫取得成功，她笑得格外甜。

可是幸之助却陷入了沉思。他想，如果不是遇见田中君，结果会如何呢？自己这个没有实力的小厂还能坚持多久？看来光有热情和毅力是不够的，还得有技术和人才。

这是一个重要的启示，使幸之助受益一生。

陷入困境

现在改良型电灯插座可以批量生产了，剩下的事情就是如何把产品卖出去。这几个月，由于全部心思都集中在技术问题上，竟没有想到产品出来以后应该如何销售。直到这时幸之助才意识到，生产并不是唯一的环节，只有把产品卖出去才能赚到钱。

幸之助赶紧和两个朋友坐下来，经过一番计算，给产品定了价格，并且重新做了分工——让能说会道的森田延次郎负责销售，其余的人则继续生产。

从第二天开始，森田延次郎就拿上几只样品，走街串户，遍访市内所有的电器商店，向人家介绍这种新型插座的优点，还要演示给对方看，接着是讲价钱。几天下来，插座并没有卖出多少。月底一结账，仅有二三十元的收入。

这样一来，幸之助的小厂前景就不容乐观了。货积压得越来越多，流动资金全部花光，已无钱为雇员开出最低工资，几个人的生计都成了问题。重要的是，幸之助没有钱再买原料，生产只好停下来。四个男人全都出门推销，可是到了晚上，他们又一个个垂头丧气地回来了。

"难道这就是大家苦心经营四个月的结果吗？难道这就是我辞去公司职务的报偿吗？"幸之助痛苦到了极点。

那是一个宁静的夜晚，两个朋友各自回家了，岁男在库房搭铺睡觉，屋内只有幸之助夫妻二人。只见井植梅之把几件和式礼服和几样首饰捧到丈夫面前，接着又从腕上退下她的手镯。

"你这是要干什么？"幸之助惊问道。

"拿到当铺去当了吧。"井植梅之平静地说，"先给你的朋友开工资。大家都是有家有口的人，谁也不容易。"

"梅之……"幸之助忍不住哽咽了。

夫妻商定，将这些细软送去典当，变换些钱来给两位朋友开工资，同时让他们另谋出路，求得他们谅解。

谁知，第二天，倒是林伊三郎和森田延次郎先提出要告辞的话头。森田延次郎面带难色，小心地说道：

"松下君，厂子办成这样，我们未能尽心尽力，深感惭愧。现在生产停顿，产品积压，我们每天在这里无事可做，愈发感到不安……"

林伊三郎接着说："我们都是朋友，按说应当与你同甘共苦，即使不给工资也不应有什么怨言，可是我二人均有家室，养家糊口也是一个无法回避的实际问题……"

幸之助打断他们的话，说道："二位的意思我明白了。厂子到这一地步，全是我的责任，与二位无关。我现在给你们最后一个月的工资，今后恐怕再没有这个力量了。为了不耽误二位的前途，请你们另谋高就，实在感到抱歉。"

双方把话谈开，和和气气地分了手。幸之助把两位朋友送出院门，目送他们走远，心头忍不住袭来一阵凄凉，站在那里久久没动地方。

这时，他听见有一个声音在叫他："姐夫……"

幸之助扭头一看，原来是矮小的内弟井植岁男。

"姐夫，"岁男不平地说，"他们俩就这么走了吗？"

"别这么说，他们都有家呀！"幸之助叹道，"他们回到电灯公司，比在我这儿强多了。"

"你不是也可以回电灯公司吗。"岁男一脸稚气地说，"你不回去，往后的日子可怎么过呀？"

"你懂得什么！"幸之助摸摸内弟的脑袋，"我必须闯出一条道来，别人可以走，而我不能。"

绝处逢生

两位朋友离去后，幸之助索性带上几只改良型电灯插座，独自外出推销。他也知道这是不会有什么结果的，不过整天蹲在家里，望着那一堆销不出去的插座唉声叹气，还不如到外面看看市场。

走了几天，幸之助看出点儿门道。原来，这种新型插座只能减少电工的劳动强度和时间，而与用户关系不大。一个电器商店的老板说："你的这种插座好是好，可是原来的也不坏，既然用户习惯用原来的，那就没必要换新的。"

幸之助这时才琢磨出点儿道道来：不看市场，闭着眼睛生产，哪能不撞得头破血流呢？想明白这个道理，幸之

助觉得多日笼罩在心头的阴霾裂开了一道缝。

这天，幸之助回到家，井植梅之迎上来，告诉他说："今天阿部电器商店来了一个伙计……"对空心街的阿部电器商店，幸之助是知道的，他不禁眼睛一亮："是来买咱们插座的吧？"

"就知道你的插座。你先看看这个吧。"梅之说着，递给丈夫一张纸。

那是一份"川北电器制作所"发来的订货单，是阿部电器商店转来的。订货单上是这样写的：

需要 1000 个电风扇底盘，合成胶木制作，年底货款两清。

这把幸之助弄糊涂了。他从未和川北电器制作所打过交道，阿部电器商店的老板是在推销中认识的，却无深交，最重要的是，自己从未生产过电风扇底盘。

"这别是一个玩笑吧？"幸之助疑惑地说。

他决定马上到空心街阿部电器商店去探询个究竟。

阿部电器商店老板是个挺和气的人，他热情接待了幸之助，并让小学徒上茶。幸之助心头一热，想起自己当年在五代脚踏车店的生活。

阿部老板告诉幸之助，这个川北电器制作所的主人原在德国西门子公司供职，现在该所正用德国技术生产电风扇。

该所的电风扇原用陶瓷制作，笨重而易破损，于是想到改用胶木。几经筛选，最后选中松下的工厂。

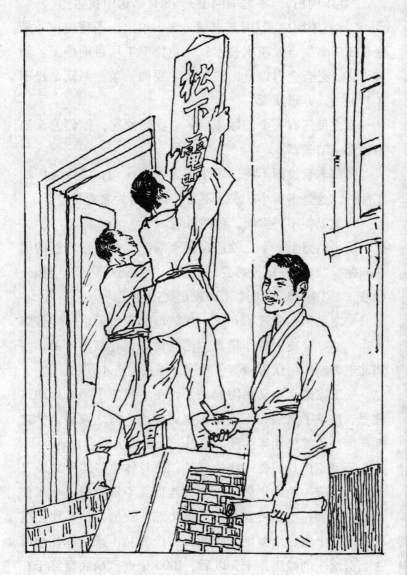

"我不明白,"幸之助问道,"为什么选中我呢?"

"你真不明白?"阿部老板一笑,说出三条理由:一是松下工厂掌握合成胶木技术;二是松下工厂目前停工,倘有订货,必会全力以赴;三是最主要的一条,那就是松下工厂的主人办事认真。

幸之助还有一个问题想问:"我的情况,你们怎么知道得那么清楚?"

阿部老板笑而不答,好半天才说了一句:"给大厂加工配件,这是多少小厂求之不得,你好自为之吧!"

幸之助便不再多问,称谢道别。

回去的路上,幸之助还在琢磨阿部老板不肯回答的那个问题。"他们一定摸过我的底。"他觉得这真是一个额外收获,"原来大厂家从来不做没把握的生意。"

幸之助回去后就忙开了。井植梅之拿出最后几件首饰去典当,好让丈夫制作模具。模具做好,赶制出样品,待川北电器制作所认可后签了合同,正式生产才开始。

松下家的小院又热闹起来了,在不到二十平方米的工棚里,摆下了煮锅和压型机,岁男烧火,梅之调料,幸之助压型。小院里烟雾弥漫,呛得三人涕泪交流。

压型工序是需要一些力气的,而身体单薄的幸之助又是三人中唯一的成年男子,他只能责无旁贷地把这项工作担起来。和压型机较劲是搀不得半点儿假的,他必须把整个身子压上去,压型机才肯吐出一个成品出来。好在他有过当搬运工的经历,十天以后,1000 个电风扇底盘终于在他瘦弱的手臂下完成了。

第一批定货使幸之助赚了80元钱，转过年来，他们又接到第二张2000个底盘的订单。这一回省去了制造模具的费用，成本降低了，净赚300元。有了这笔钱，幸之助忙把妻子的陪嫁首饰从当铺里赎回，还给岁男买了一件新衣裳。最困难的日子总算过去了。

不过幸之助并不想永远把自己拴在大厂的裤腰带上，他知道这样的日子是不会长久的。万一大厂转产，或者又有了更好的合作伙伴，那么松下家的好日子也就结束了。

"必须有自己的厂子和产品。"这个念头越来越强烈。

就在这时，恰好大阪市大开街有一座楼房招租，幸之助毫不犹豫地把它租下来。这是一座小二楼，楼上可以住家，楼下用于生产。幸之助在大门外挂上一块牌子，上面写着："松下电器制作所"。这个新厂还第一次雇用了5名工人。

开业的那一天是1918年3月7日，这一天就成了后来松下电器股份有限公司的成立纪念日。

站稳脚跟

幸之助在大开街挂牌营业，标志着松下电器结束了小作坊式生产，而进入了正规工业化生产的新时期。

也许当时的幸之助并没有意识到，就在他把自己的小厂迁入新址之际，恰恰是日本工商业空前繁荣发展之时。以欧洲为主战场的第一次世界大战，各交战国无暇东顾，为日本发展经济和占领市场提供了千载难逢的大好机遇。

这时的松下电器制作所还只是一个小厂，像这样的小

松下幸之助

厂，在全日本还有很多。幸之助深知，要想站住脚，被顾客承认，就不能没有属于自己的产品。

要开发新产品，这自然就全靠幸之助自己了。他本来就善于观察思索，又是电灯公司的技术尖子，以前发明改良型电灯插座虽未能推向市场，却也积累下宝贵的经验。可以说，面对纷繁复杂的市场，他是有备而来的。

当时市场上有一种"双灯用插座"，一物两用，很是方便，但质量和性能都不太理想。幸之助经过几番实验，造出了适用可靠的新型"双灯用插座"，送到市场试销，大受欢迎。幸之助为这种新开发的产品申请了发明专利。

以前发明改良型电灯插座，送上门去还没有人要，现在的双灯用插座一炮打响，马上就有人登门请求合作了。

一天，大阪市的一位有名的批发商吉田前来拜访。

"松下君，我对贵厂制造的双灯用插座很感兴趣，您能否同意由我们做您的总代理商呢？"吉田显得十分诚恳。

"吉田君看中我的双灯用插座，不胜荣幸。不过，我的厂是个小厂，只怕产量跟不上销量。"幸之助不失时机地提出要求，"您能否提供 3000 元保证金，我打算购进设备，扩大双灯用插座的产量。"

吉田欣然允诺，双方订立了合同。幸之助这边用吉田提供的资金购入新型加工机床，投入生产。吉田那边则在大阪、东京、神户、名古屋和京都大做广告：

　　松下电器制造的新产品——双灯用插座，由吉田电器商店总代理。

这是松下电器第一次出现在广告上面。

自此以后，由于建立了吉田合作的产销一条龙，双灯用插座的产量直线上升，由原来的每月 2000 只增加到每月 5000 只。这时的松下电器制作所的员工也达到了 27 人，是一个小有规模的厂子了。

可是，商场风云，瞬息万变，只四五个月的工夫，情况就发生了变化。东京的电器制造商们为了抵制松下的双灯用插座，采取了大减价的措施，这使双灯用插座立即变得不那么好卖了。

吉田老板手足无措，一脸无奈地跑来见幸之助。

"松下君，情况糟透了，销售量显著下降，我已经是一点儿办法也没有了！"

"可是我们有合同啊！"幸之助说，"合同上明明规定，吉田商店是要负责销售量的嘛！"

吉田老板哭丧着脸，说道："看目前的情形，销售量恐怕是难以保证了，请无论如何让我解除合同吧。出现这种情况我也没有料到，请您给予谅解。"

幸之助怜悯地看着吉田那一副苦样子，觉得此人真不够个男人，一点点变故就被弄得这般狼狈。虽然手中的合同对幸之助有利，但他不想把吉田逼得没有退路。

"好吧，"幸之助说，"我同意解除合同。"

"那可太谢谢您啦！"吉田感激地说。

"不过，"幸之助又说，"吉田君交给我的保险金，全部投入在工厂的设备里了，现在没有办法一下子归还。只好请您稍等一下，我会按月分期返还的。"

吉田走后，井植岁男愤愤地说："姐夫对他太客气了。既然是合同，双方都要遵守，吉田凭什么单方面撕毁合同？"

　　"这你就不懂了。"幸之助解释道，"如果我利用合同逼迫吉田，只能是两败俱伤。就算是把吉田逼得破产，对我们的双灯用插座又有什么好处？只不过是让东京的制造商们坐收渔利罢了。"

　　"那我们现在该怎么办？"岁男问道。

　　"现在只好咱们自己推销啦！"幸之助说，"我自己的东西我知道，怕什么，不会销不出去的。"

　　第二天，幸之助先拜访了大阪市内的电器经销商，他们原来都是从吉田那里批发双灯用插座，再向用户零售。现在由于东京方面的制造商降价，使得双灯用插座销不出去。如果他们也跟着降价，则无利可图。

　　幸之助大致估算了一下，各零售商要求降价的幅度，大体上与吉田所获得的毛利相等。也就是说，如果省去了吉田这个中间环节，由厂家直接批发给零售商，那么局面就会大不一样了。

　　幸之助把这想法跟各商家一说，立即获得一致赞同。有的人对幸之助说：

　　"松下君，说来这都是你不对。你制造了那么好的东西，却交给吉田一家包办，增加了中间环节，提高了价格，也降低了竞争力，这真是莫名其妙。"

　　在大阪转了一圈，问题全都解决了。

　　接着，幸之助又动身到东京去，这是他第一次去东京。

　　东京和大阪有很大的不同，就是那里的人门户之见很深，也就是说东京人有点儿欺负外地人。在东京商人眼中，商品都是东京的好，外地商品则等而次之。

不过，幸之助转了一圈之后发现，东京人还是有优点的，那就是他们重情义。只要你能坦诚相见，东京商界还是能够接纳你的。只要处熟了，地盘反而会相当稳固。

当然，你拿给他们的东西一定要好。

有一位东京的零售商这样对幸之助说："以往电器用品都是东京批发到外地去。外地商人到东京来推销，你是头一个，你可真了不起啊！"

一席话说得幸之助心里暖乎乎的。

幸之助和东京建立起销售关系，他决定以后每个月都要到东京去一次。他觉得，自己的产品如果不能打进东京，那么在大阪干得再有声色也是不会有大出息的。

幸之助到了老年时说过："松下电器最初的小小基础，是由双灯用插座打下来的。"为什么这样讲呢？这是因为，通过推销双灯用插座，先是从吉田那里获得一笔投资，使企业得以发展，后来又自办销售，建立起自己的销售网。有了这两条，松下电器算是在商海中站稳了脚跟。

内弟井植岁男

松下电器制作所每月都要有一两样新产品推向市场，虽然这些产品大多是别家制造商也有的东西，但松下的产品以其质高价廉而受到欢迎。这样，作为一家小厂，松下电器逐渐有了一点小名气。

　　由于幸之助的努力，产品在东京方面也有了一席之地。这时，他觉得有必要建立一个东京营业所，派专人在那里料理日常事务。否则，自己每月一次往东京跑，不仅过于辛苦，也实在很难应付局面。

　　但接着就有一个问题：派谁到东京去呢？厂子虽已有了二十几名工人，但都是花钱雇来的劳动力，有无办事能力且不论，重要的是谁能保证他们能与老板同心呢？

　　幸之助这时才深深地感到，事业发展了，再靠以前那样单打独拼式地闯世界是不够用了；想要成就大事，找几个可靠的"自己人"是万万不可少的。

　　现在幸之助有几个"自己人"呢？屈指一算只有两个。一个是妻子井植梅之，但是不能指望一个女人到商海中去拼杀。再一个就是妻弟井植岁男了，可他还是个大孩子！

　　井植岁男兄弟三人，他是老大。13岁丧父之后，他在渡轮上工作了一段时间。一次渡轮发生爆炸，把岁男的寡母吓坏了，恰好幸之助这边需要人手，便把大儿子从淡路岛送到大阪来了。

　　岁男初来时，幸之助很喜欢他。这倒不仅仅因为他是梅之的亲弟弟，还因为他那穷苦的身世使幸之助想起自己，自己不也是幼年失学到大阪来闯生路吗？

　　在幸之助创业之初，市场一时没有打开，两个朋友离他而去，唯有妻子和岁男与他同舟共济。虽然岁男是无处可去，但这也使幸之助大为感动。夜静更深，他对妻子说："我只有你们两个亲人，你的弟弟也就是我的弟弟。"

后来成立了电器制作所，尽管还只是一个小厂，但毕竟事业在扩大，幸之助一个人里里外外忙不过来，需要岁男协助的地方就更多了。比如，当幸之助不在家时，岁男就必须领着工人们干活，虽然工人们的岁数都比他要大。

但是，日子一长，姐夫和小舅子之间也时有不睦。

一次，厂里来了两个批发商，先参观厂子，后谈生意。岁男倒是满腔热情，跑前跑后地端茶递烟。可是，批发商们见了岁男的一双黑手，还时不时地往鼻子里抽鼻涕，便茶也不肯喝，烟也不肯吸，没坐多久就告辞了。这次生意没谈成，固然还有别的原因，但幸之助却对岁男发了火。

"你一副脏样子还好意思往人前站？"他当着工人们的面斥责道，"松下电器的脸都让你给丢光啦！"

有的工人在一旁窃笑。

岁男可受不住了，跑到姐姐那里抹开了眼泪："还说我是他的亲弟弟呢，他对工人们也没这么凶过……"

梅之只好劝道："姐夫是没把你当外人，他对你发火也是为你好。他当学徒时受的委屈比你大得多呢。"

好歹把岁男给劝住了。

还有一次，岁男领着工人干活，安排失当，竟然让挣高工资的技工去做熟练工的活计。幸之助发现了，便又对岁男发了脾气，他吼道："既然拿了技工的钱，就该做技工的活，要不然我干嘛花着大价钱雇技工呢？"

那位技工听着逆耳，站出来说道："老板莫生气，今天这事全是我的不对。"

幸之助说："这是领班的错，跟你没关系。"

那一回，岁男又哭了。

岁男到底还是个孩子，难免贪玩。有一回，他出去办事，回来晚了。吃晚饭时，幸之助从梅之那里得知他顺便看了一场电影，不禁大怒，喝道："放下筷子，今天的晚饭你不要吃了！"岁男转身跑进隔壁的小屋。

梅之对丈夫说："何必发这么大的火呢？有话不会好好说？岁男到底还是个孩子。"

"你不懂，因为他是自己人，所以才客气不得。"幸之助对妻子说话倒是很和气，"我将来是要重用他的，恨不得一时把铁炼成钢。"

"可是他还小呢，总得慢慢来。"

"可是工厂容不得我慢慢来呀！"

"可你在脚踏车店学徒时，不是也在外面玩过吗？"

幸之助笑了："可是我比他聪明，玩是玩了，可绝不让老板知道。"

梅之说："你也希望岁男跟你玩心眼，瞒你到底吗？"

幸之助叹了口气，对妻子说："去叫他来吃饭吧，他正在长身体呢。"

梅之到隔壁房间，见岁男两眼红红的，正在呕气呢，梅之笑道："好个男子大汉，除了抹眼泪还会什么？"

说着，她坐到弟弟身边，掏出手帕给他擦眼泪，一边说道："姐夫说你两句就值当这样吗？再说你也有不对的地方，说说就不应该吗？好啦，跟我吃饭去——"

岁男扭着身子："不去。"

梅之喝道："不许这样。是你姐夫让我来叫你的。"

其实岁男是下不来台，还是那句："不去。"

这时门外传来幸之助低沉的声音："怎么还不来呀？还要我去请你吗？"

梅之好说歹说地总算把弟弟拽了出来。

幸之助把一碗饭推到岁男面前，说道："吃吧，今天的事情算是过去啦。不过你记着，咱们这个小厂，来不得半点马虎，什么事都马马虎虎的，离垮台就不远啦！"

这些都是刚刚建厂时的事，后来岁男在姐夫的调教下，大有长进。幸之助有意交办了几件事，倒也办得满漂亮。

"这孩子上道啦！"幸之助心中暗暗得意。

现在，幸之助要办东京营业所，自然而然就想到了内弟井植岁男。实在地说，除了他，幸之助也真派不出别的人去。

"这怎么行！"梅之听说了丈夫的打算，不禁有些慌乱，"岁男才17岁呀！你就那么放心吗？"

"17岁怎么啦？"幸之助说，"我离开五代脚踏车店时才16岁，不是也闯到今天吗？"

"那不一样的。"梅之说，"你只不过是找到一份工作，可岁男到东京是要挑担子的，我怕他挑不起来。"

"他能挑起来。"幸之助说，"年轻就是力量，只要他想办好一件事情，那他就能办好。"

由于幸之助的坚持，岁男终于成了东京营业所主任。

临行前，幸之助对岁男面授机宜。好在岁男以前也跑过几趟东京，对那里的业务情况有所了解。能到一个大都市去独挡一面，他兴奋得跃跃欲试。

岁男走后不几日，家里便收到东京的来信。信中汇报说营业所已租得一处住房，并在当地雇了两名工人，还拜访了几位老关系户，一切均开始走上正轨。信末又说，东京蚊虫肆虐，夜不能寐，买了一顶3日元的麻纱蚊帐，使得安眠……

信读到这里，幸之助极为恼火，忍不住骂道："少爷！纯粹是个少爷！他以为让他到东京是去享福呢！3块钱一顶的帐子是他用的吗？"

梅之埋怨道："不就是一顶帐子吗？买了也就买了。再者说，是你一定要把岁男打发去东京的，就算有个一差二错，你就不能担待吗？"

"话可不能那么说，"幸之助争辩道，"咱们是商人，做的是生意，要的是利润，如果不精打细算，多大的产业也会被掏垮的。我不能让岁男养下这么一个坏毛病！"

三天后，岁男接到姐夫回信。信中除了指示东京的业务如何开展外，还得到一通严厉的责备："按照目前松下电器制作所的经济状况，你只配买一顶1日元左右的棉线蚊帐，有帐子用你就该知足了。别忘了你在淡路岛时过的是什么日子，那时你不是天天都在喂蚊子吗？……"

这一夜，岁男躺在3日元的蚊帐里睡不着觉了。

当上了爸爸

松下电器制作所虽然不大，但作为一家经济实体，也有千头万绪的事务，岁男一走，家中事无巨细就都要幸之助一人承担了。他每日里里外外地忙，有时甚至不能在家吃饭。井植梅之独自一人，苦守孤灯，日子很是寂寞无聊。她只能每天以插花为乐，打发着一个又一个日落日出。

"又让你一个人在家待了一天，"幸之助常常在回家时这样对妻子说，"不能陪伴你感到十分抱歉。"

这一天幸之助又回来得很晚，只见井植梅之正在灯下静坐，往日她早就睡去了，这使幸之助十分奇怪。

"梅之，你怎么啦？"幸之助急忙问道。

"我在等你。"梅之仰起头说道。

"有什么事情吗？"幸之助挨在她身边坐下。

"向你道喜，"好半天，梅之说道，"我有了。"

幸之助不解："有？有什么呀？"

"这你还不懂吗？"梅之娇嗔地说，"有喜呀！"

"喜？什么喜？……"幸之助木头木脑地愣了半晌，猛然间喊起来，"啊，这么说，我是要做父亲啦？"

梅之点点头，结婚六年了，她一直盼望有个孩子。

"梅之，梅之，告诉我，你是怎么知道的？你有把握吗？"幸之助在商海弄潮，办事总是讲究有个把握。

于是梅之细细道来：近日她常感身体不适，今日去见医生，说她已有身孕。

"好糊涂！我怎么一点儿也没看出来？"幸之助自责地说，"今后我可要好好照顾你了。"

其实，结婚六年，幸之助何尝没想过要个孩子？只是他常常不敢往下想。在电灯公司时，生活并不宽裕，有了孩子只会使生活更加艰难；离开电灯公司后，正值创业之初，有了孩子就要牵扯精力，现在虽然仍是创业的关键时刻，但幸之助不能再等了。

转过年来，正是春季，梅之生下一女。"给孩子取个名字吧。"梅之静卧榻榻密之上，女儿就躺在她身边。

"当年我父亲给我取名幸之助，这一生看起来还算幸运。"幸之助说，"我的女儿就叫幸子吧。"

他向女儿俯下身去，带着父亲的慈爱，说道："幸子，爸爸做的一切都是为了你呀！"

幸之助仍旧没日没夜地忙，幸子全靠梅之照管，而他几乎连抱一抱女儿的时间也没有。

由于生产的发展，大开街厂房愈发显得狭小了。幸之助决计另造一处厂房。

新厂址就选定在大开街的尽头，幸之助买下一块 330 平方米的地皮，并为新厂房设计了蓝图。

可是建造新厂房的初步估价却使幸之助感到为难。新厂房造价需 7000 元，添置设备和启动资金至少也需要 5500 元，两项费用拢共是 1.25 万元，而他手头只有 5000 元。缺口如此之大，远非当年典当妻子的服装首饰就能解决的。

他想采用分步建设的办法，即先建厂房，待工厂开工，资金运转起来，再补建办公楼和职工宿舍。可是专家说，同步建设可以节省资金，他很快就打消了这个念头。

后来幸之助同承包商达成协议，用未来工厂的全部厂房做担保，采用分期偿还欠款的方式，一次性投入建设。

由于承包商对幸之助的经营和信用早有耳闻，对其归还欠款抱有信心，所以幸之助在没有钱的情况下，居然也把新厂房建起来了。这实在是商界的一大奇事。

就在幸子满周岁不久，新厂房终于落成了。这一天，井植梅之抱着小女，同丈夫一起来到还散发着泥灰味和油漆味的新厂参观。

原先挺空旷的地面上，现在塞满了高大建筑。

一家三口推开每一扇门，看了每一个房间。

"梅之，你还记得我们刚办厂时的那两间小屋吗？"

"怎会不记得？"

"可现在有一座完全属于我的工厂了，梅之！"

"是啊，走到这一步真不容易呢。"

"梅之，你刚做母亲时的心情，恐怕也不过如此吧？"

"你能体会做母亲的心情吗？"

"梅之，你把幸子带大，我把厂子带大，好吗？"

"好吧，让我们的幸子给你的厂子带来幸运吧！"

他们那天在厂区转了好久、好久……

一枚爆响的"炮弹"

一天晚上，幸之助被汽车撞了。

那时，大阪的许多街路还没有安上路灯，每到夜晚，行人只能凭借着稀疏的星光和路旁店铺泄出的灯光走路。

那天晚上，幸之助骑着一辆脚踏车外出谈生意，不料被一辆疾驶的汽车撞翻。幸好没有受伤，只是那辆脚踏车不能再用了。肇事汽车司机把他送回家来。

井植梅之一见大吃一惊，忙问："怎么了？怎么了？"

那司机简单地介绍了一下情况，末了加上一句："你那脚踏车连个车灯也没有……"

这显然是在推卸责任。脚踏车没灯，汽车还没灯吗？不过，幸之助两口子不想与他纠缠。

那司机临走时留下一句："你的脚踏车我来赔。"

一连几天，不见那司机的影子。幸之助闷闷不乐。

梅之宽慰道："算啦！不会有人来赔你的车啦！"

"我才不惦记这个呢。"幸之助说，"我是在琢磨脚踏车的车灯哪！"

"车灯？"梅之马上明白了，原来这场车祸撞开了灵感，幸之助又要开发新产品了。

其实，当时市场上已有过三种脚踏车的车灯，只是各有弊端，均不实用。一种是电池灯，耗电快，三小时就须更换；再一种是蜡烛灯，亮度不够，而且怕风；还有一种是瓦斯灯，进口产品，价格昂贵，极易损坏。

"现在骑车谁还点灯啊！"梅之说。

"那是因为没有一种好的车灯。"幸之助说，"这正说明市场潜力巨大，只要产品好，就会有人要。"

幸之助觉得蜡烛灯和瓦斯灯均不实用，一开始就把眼光盯在电池灯上，他给自己定下几条标准：一是要结构简单，经久耐用；二是至少能照明 10 小时以上，还有就是价钱要便宜。

可是这样的灯谁也没见过，它应当是个什么样子呢？幸之助白天安排厂里的生产，每天晚上试制这种节能灯，常常是熬到后半夜。几个月过去了，实验做了一百多次，各种各样的报废车灯堆满了墙角，可就是总也不成功。

有一天半夜，井植梅之一觉醒来，见丈夫仍然枯坐灯下，一脸沮丧，一脸无奈。梅之走过去问道：

"怎么？还是没搞成？"

幸之助恨恨地说："所有的电池都试过了，还是不超过三十分钟就没电了，这样的车灯，用户怎么能满意？"

梅之在丈夫身边坐下，说道："那你就该在电池上想办法，这好比做衣服，只能是衣服将就人，不能让人将就衣服啊！"

幸之助双眼一亮，抚着妻子的肩膀叫道："哎哟，我的夫人哪，你这可是一言值千金哪！"

原来，幸之助搞了几个月的实验，只是在车灯的结构上下功夫，总是想在市面现有的电池上找到适用的一种，却没有想到自己去动手改革电池。

现经妻子的一番点拨，幸之助豁然开朗，找到了新的设计思路，也就是说，设计新型车灯的关键不在于车灯的结构，而是在于电池和灯泡。

于是他选用一种大号手电筒电池，经重新装配，果然照明时间大大提高。

就在这时，市面上恰好出现一种节能小灯泡，耗电量只有原来的五分之一，又能维持足够的亮度，幸之助喜出望外，心中连呼"天助我也"。

最困难的问题就都解决了。幸之助又用了半年时间设计出车灯的木质外壳。为了达到聚光节能的目的，这外壳设计成弧形，很像一枚炮弹，幸之助索性就把它称之为

"炮弹型车灯"。

为了保证炮弹型车灯的性能稳定，他接连制作了几十只样品。一天深夜，工人们都下班了，幸之助还独自一人守在车间里，他面前摆着最后制成的几只车灯，此刻灯光渐渐开始暗淡下去。这些车灯是昨晚天黑时点亮的，到现在已经过去了 30 个小时左右，大大超过了以前任何一种车灯的照明时间。

"我成功了！"幸之助一阵狂喜，摸着黑跑上楼去，推醒正在酣睡的井植梅之，告诉她："我成功了！"

梅之一时摸不着头脑："你说什么？"

"我成功了呀！"幸之助说道，"还有比这更好的脚踏车灯吗？一组电池可以点几十个小时，也就是说用户至少可以使用一两个月。这样的车灯能不畅销吗？……"

梅之心疼地说："快睡觉吧！你已经很多日子没睡一个好觉啦！"

幸之助在妻子身边躺下，临堕入梦乡之前，他还喃喃地念叨着："梅之，我还有好多事情要做啊……"

确实，产品在批量生产之前还有好多事情要做。

节能灯泡不成问题，可以向厂家订购，一些金属配件自己的厂子可以生产，重要的是电池和木制外壳，需要有关厂家的配合。

幸之助决定先解决木质外壳的问题。他一连跑了几家木器行，可是厂家都以各种理由加以拒绝。其实他们是另有顾虑：怕炮弹型车灯一旦滞销而蒙受损失。

幸之助反复向木器行的老板们说明，炮弹型车灯千真万确是一种有前途的产品，请他们放心，最后总算有一家若松木器行老板答应了下来。不过若松老板提出一个苛刻的条件，那就是不管炮弹型车灯卖多卖少，每月至少要订购两千个木质外壳；换句话说，木器行的生产与幸之助的盈亏无关。

此刻炮弹型车灯尚未投产，先要订购那么多的木质外壳，幸之助难免有些担心，但想到炮弹型车灯必定畅销，也就咬咬牙答应下来。

电池问题解决得容易些。幸之助先跑了几家一流的电池厂，可是他们的日子都很好过，不屑于做这种生意。于是他转而向二流电池厂家寻求出路。有一家小寺电池厂产品可靠，幸之助很快与之达成协议。

炮弹型车灯终于开始批量生产了。

井植梅之也为丈夫高兴，开工前夕的晚饭特意多烧了几样菜，还端来清酒。"喝一点吧。"她对丈夫说，"总算成功了，应该庆贺一下呀！"

幸之助说："现在还不能说是成功，后面还有销售这一关呢，东西没卖出去，就永远不能说这个话。"

第一批炮弹型车灯生产出来了。幸之助亲自去推销。

他先走访了一位以前常打交道的电器批发商，出人意外的是，对方反应冷淡。

"松下君，你搞的双灯用插座好销得很，何必费钱费力搞什么车灯啊！这种东西从来就不好销的。"

"我的车灯和以前的车灯是不一样的……"

"松下君，我要的是双灯用插座。"

85

SHIJIEMINGRENZHUANJICONGSHU

松下幸之助

遍访大阪市的所有电器批发商，口气如出一辙。

幸之助无奈，只好给驻在东京的井植岁男打电话，要他暂时放下其它业务，全力试销炮弹型车灯。他在电话里说："这是当务之急，拜托你了。"

几天后，岁男传回消息，说东京的批发商反应冷淡。

眼看着"若松木质外壳"和"小寺干电池"源源不断地运进工厂，仓库里堆满了销不出去的炮弹型车灯，幸之助心急如焚，一筹莫展。

"他们是一次被蛇咬，十年怕井绳。"幸之助骂那些有眼无珠的电器批发商，"就因为以前车灯不好销，他们就从此不敢再做车灯的生意，就这样还想赚大钱？"

"你何不到脚踏车店去问问呢？"井植梅之说话了，"你不是在脚踏车店当过学徒吗？"

幸之助一听，对呀！车灯放在电器店里是电器，放在脚踏车店里就是脚踏车的部件呀。任何问题只要转换一个角度，就会找出新的解决方法。

幸之助连忙召集推销员开会，面授机宜。

推销员们按照老板的指示，给每家脚踏车店都送去数只车灯，并当面将车灯打亮。24 小时之后，推销员再到店中，车灯明亮如故。

"神啦！"脚踏车店老板说，"请再送几只车灯来，这东西一定好卖。"

不出数日，大阪市的各脚踏车店就都有炮弹型车灯出售了。一个月后，脚踏车店纷纷登门订货，市场打开了。

这时，先前对这种新车灯持怀疑态度的电器批发商才感到后悔，反过来找幸之助，要求代理批发业务。

不久，井植岁男也打来电话，说东京市场也被打开，请求速往东京发货。

一时，堆积如山的炮弹型车灯被销售一空。

幸之助这时才感到全身轻松，喜不自禁。"总算可以说成功这句话了。"他对妻子说道，"拿清酒来，现在到应该庆祝一下的时候了。"

山本的圈套

炮弹型车灯开发成功后，幸之助还有许多事情要做，那就是把产品推向日本全国。

幸之助在东京和大阪两地都有销售网，产品可以直销，但外地就不能不假手于人了。他在报纸上刊登广告，向全国各地征求代理商，一时间，要求代理的申请纷至沓来。

正在应接不暇之际，有一位素昧生平的山本武信请求代理大阪府的销售业务。幸之助一打听，得知此人是个以做化妆品生意为主的商人，便忍不住心中暗笑："卖化妆品的到电器行里凑什么热闹？"可是山本的经历却使幸之助大感兴趣。此人比幸之助年长五六岁，出身寒微，少年时曾在大阪的一家化妆品商店做学徒，后来凭着毅力和好学的精神，独力创建化妆品厂，兼做批发贸易。数年前他偶一不慎，导致破产，后又东山再起，重在商场中占据一席之地。

现在山本手中的事业比幸之助要大，实力也比他强。

"此人不俗。"幸之助心说。

两人约定时间见了面。山本果然不同凡响，一开口就提出令幸之助吃惊的条件：

1. 每月包销"国际"牌车灯 1 万只，3 年包销 36 万只；2. 全部货款先期一次付清；3. 如果销售不出，损失由山本负责。

幸之助打量着这位与自己有着相似经历的商人，感到实在不可理解，以前从未见过像山本这样做生意的。

货款一次付清，意味着松下厂一只车灯未出大门，就先得到 45 万巨款，而销售中的任何风险都由山本承担。

签约之时，幸之助很为山本捏一把冷汗。1 万只车灯可不是个小数目，仅仅在大阪府能销得掉吗？如果销售不畅，几个月的积压就能把山本压死。

不过这条件对幸之助来说实在是太优厚了。

回家后，幸之助还在久久地琢磨：这个山本武信究竟算哪路商人呢？说他会做生意吧，他的经商手法未免过于冒险，说他不会做生意吧，他又是靠什么维持到今天呢？

既然琢磨不透，索性不再琢磨，让山本自己弄去吧！

炮弹型车灯的销售十分顺利，产量也逐日上升。就在这时，一些地方代理商来找幸之助告状了。他们对幸之助说："松下君，你出面管管那个山本吧！"

原来，各地代理店都是划定销售区域的。山本的销售范围仅是大阪府，即大阪市的周边地区。可是这位山本武信却把炮弹型车灯卖给一些批发商。批发商们才不管什么销售范围呢，哪里的生意好做，他们就到哪里去。这样一来，大阪府的炮弹型车灯就流入别的销售区。这势必影响那里代理店的生意，代理商们的利益受到侵犯，便一起来找幸之助。

"松下君，这事你要是不管，我们就只好解除合同，而且还要拒付货款了！"代理商们威胁说。

"好吧，好吧，请你们放心，这事我一定要管的。"

幸之助尽管很忙，但还是决定过问一下这件事，他不能眼瞅着炮弹型车灯的销售受到影响。

"山本先生，请您立即停止这种'越界'代理。"幸之助找到山本，对他说，"其它地方的代理商已经有意见了，我想，他们的苦衷您是会理解的。"

"你说什么？'越界'代理？"山本脾气比较暴躁，竟叫喊起来，"我可从来没有'越界'呀！"

按山本的说法，他一向是老老实实在大阪府销售炮弹型车灯，从未越雷池半步；他只不过是把商品卖给了批发商，至于批发商们再到哪里去卖，他就不知道了。

"山本先生，那么就请您约束一下批发商好了。"

"这我无能为力，别人到什么地方去做生意不是我能过问的。"山本又说，"松下君，请你翻一翻我们的合同，好像没有不准和批发商做生意的条款。"

这次谈话不欢而散。

"可恶！"幸之助回来后，十分恼火，"'越界'代理明明就是他在捣鬼，可他还满身是理！"

幸之助觉得这件事情不能就这样罢休，否则外地代理商一齐闹起来，他也吃不消。

思来想去，幸之助决定召集代理商们开一个会，自己这一方人多势众，看他山本怎样应付。

会议在大阪市梅田静观楼举行。

会议一开始，外地来的代理商就七嘴八舌地向山本发难。山本眯缝着双眼，抱拢两臂，只是一声不吭。幸之助当然是会议主持人，自觉地采取中立态度，时不时地提醒大家要冷静，不要意气用事。

把外地代理商的意见归拢起来，大体是这样的：大阪是货物集散地，该地的代理店如果把货物卖给批发商，货物势必流往各地，从而损害各地代理商的权益。所以最好是取消批发商这一中间环节，改为直接批给零售商，请大阪府代理店能够改变经营方针。

幸之助见时机成熟，便和颜悦色地说："大家说得差不多了，请山本先生能考虑同行们的意见。"

"好吧，我说。"这时，山本睁开眼睛，朗声说道，"在我同松下厂签订的合同中，并没有禁止向批发商出售货物的条款，所以叫我改变经营方针是不可能的，如果这样的话，我宁愿退出炮弹型车灯的销售。"

会场一时奇静，谁也没想到山本会打出这样一张牌。

"我说两句吧。"坐在山本身旁的他的一位僚属说话了，那是山本商店的木谷经理。此人不到关键时刻不说话，一张嘴就在儒雅中透着分量。"退出炮弹型车灯的销售完全是出于对同行权益的考虑，这对我们来说也是一种极大的牺牲。因为大阪府的销售已经走上正轨，一旦放弃势必蒙受损失。希望松下君能体谅我方的苦衷，同意中止合同，退还预付货款，并提供 2 万元违约金，那么，我方同在座诸位就再没有什么冲突了。"

会场一阵骚动，人们议论纷纷，商人们是不大考虑别人的得失的，只觉得这也不失为一种解决问题的办法。

幸之助一听："呀！把球踢给我了！"急忙表态说："松下厂并未违约，这违约金从何谈起？"

木谷经理一笑，说道："强令我方停止向批发商销售货物，岂非违约？这虽然是诸位代理商的意见，但松下厂是否有义务站出来讲话？"

幸之助一时哑然。

木谷经理这一手可真够狠的。幸之助既不能出面替山本讲话，那样就把自己放到外地代理商的对立面上，也不能同意山本的退出，因为这要承担退款和违约金。

正在进退两难，坐在山本身边的一个和尚，他的顾问加藤法师说话了："如果松下君不同意我方退出销售，是否能另找出一个两全之策？"

会场静下来，大家都在聆听加藤法师的发言。加藤法师法号大观，是山本的智囊，遇到僵持不下的问题时，总能找到使双方均感满意的又能做出妥协的办法。

"请松下君考虑一下，能否把炮弹型车灯的全国销售权都卖给我方，"加藤慢条斯理地说道，"这么一来，地方代理店就会成为我方的大主顾，松下电器也可以专心制造，我方则以总经销的立场，尽最大努力去拓展业务，这个办法岂不是一石三鸟吗？"

代理商们才不在乎从谁的手里进货呢，他们全都喜形于色，有的人还拍了几下巴掌。

这个加藤先生也够厉害的了，幸之助原以为外地代理店是自己的同盟军，谁想加藤三言五语，他们就都和山本站到一起了。

关于全国销售权，是个大问题，自己辛辛苦苦搞出来炮弹型车灯岂能轻易拱手让人？即使利益能得到保证，沦为别人的制造商也总有些于心不甘。幸之助不能马上作出回答，便要求回去考虑，会议就这么散了。

回到家，幸之助感到既恼火，又窝囊，万没想到今天的会议竟是这样一个结局。怪不得山本破产之后还能东山再起，论手段人家确实比自己高明。

看起来，山本一开始就设计好了一个圈套，只等他幸之助来钻。他早就想做炮弹型车灯的全国总代理，知道难以如愿，便分做三步来接近目标。第一步，先用优厚的条件换取大阪府的总代理，第二步，故意制造越界事件，挑起争端，第三步，把松下厂置于进退维谷的境地，迫其就范，今天在会上走的就是第三步。

思来想去，也确实没有别的办法，尽管不甘心让山本做总代理，也只能顺其自然了。好在具体细节还可以讨论，倒不至于吃大亏。

"终生教训，刻骨铭心！"

这一夜，幸之助辗转反侧，久久不能入睡，山本的影子总是出现在他的眼前，既使他气愤，又使他钦佩。

"做生意就得像山本这样啊！"他喊出了声。

梅之被弄醒了，她对白天发生的事也略知一二，便道：

松下幸之助

"怎么还不睡？你要是觉得山本这个人不地道，今后不和他做生意就是了。"

幸之助说："你想到哪儿去了？对山本先生我还是佩服的，我不光要和他做生意，还要和他交朋友，论做生意他比我高明，我得老老实实向他学习。"

梅之诧异道："他让你吃了那么大的亏，怎么还要向他学习？"

"这是两回事。中国有句古语说'见贤思齐'，山本先生在做生意上值得我学习的地方多着呢。"幸之助索性盘腿坐起，对妻子说："第一，他做生意讲究出奇制胜，这是我不如他的地方，这次他逼迫我把全国代销权交给他，就是出奇制胜的高招，让我毫无办法。

"第二，山本注意用人，而我没有做到。你看他，每次谈判，都是左有木谷经理，右有加藤法师。他们三个对付我一个，我怎能不吃亏？尤其是那个加藤法师，本是出家人，竟也被山本弄来帮助自己，这真是大本事。

"还有第三条，山本对自己的权利，从不手软，寸步不让，那种果断和坚定也是寻常人学不来的。"

最后，幸之助说道："尽管吃了山本的亏，我还是佩服他，决心拿他当老师，虚心向他学。"

说到这里，幸之助深深地垂下头去，那份由衷与虔诚，连梅之见了也感到惊异。

就这样，山本武信如愿以偿，当上了炮弹型车灯的全国总代理。自此后，两人在业务上的交往多了，接触也多起来，时间一久，真的就成了朋友。

竞选议员

幸之助在电器生产上的业绩，使他渐渐成了被社会各方瞩目的名人，一些社会职务陆续落到他的头上，几年中，他曾被居民们选为"里长"（相当于居民委员会主任）和卫生评议员（相当于"爱卫会"成员），不过因为自己厂里的事还忙不过来，所以他做这些事是很勉强的。

不料，在1925年，又有一个社会头衔不期而然地落到他的名下。这一年，大阪市联合区议会改选，他被推举为议员候选人。

一开始，幸之助对此并不太感兴趣，便以身体不好为由，再三推辞。可是大开街的一些热心人不答应，接二连三地跑到家里来敦促他。他们对幸之助说：

"咱们这一片儿从来也没出过议员，这一回你无论如何也不要辜负大家的信任。只要你同意，我们会全力支持你，一切都不用你操心，竞选工作由我们替你去做。"

话说到这种地步，幸之助也不好一味推辞，何况区议员不同于"里长"，这对今后做生意是有好处的。想到这里，他终于同意参加竞选了。

区议员的名额是20名，候选人28名。各党派都把此番竞选看作是市议员竞选的预演，历来竞争十分激烈。

许多候选人为了拉选票，经常挨家挨户到居民家中去拜访，有时竟会不厌其烦地跑上四五趟。幸之助对这种情况并不了解，等他知道竞选还有这么多麻烦事，想退下来已经来不及了。

"形势对我们来说已经很不利了。"助选的朋友们对幸之助说，"现在离选举还有二十天，你总得和选民们见见面呀！选民们对你的情况一无所知，你让人家怎么投你的票呢？"

"你们不是说，一切不用我操心吗？"幸之助苦笑道。

一位朋友说："因为咱们这一片从来没出过议员，有些情况我们也不了解，现在看来，你是非亲自出面不可了。"

又一位朋友说："我们只能为你做一些宣传工作，可是和选民见面是别人代替不得的呀！"

"好吧，好吧。"幸之助说，"既然走到了这一步，也就只好走到底了。"

几位助选的朋友陪着幸之助走了三五户人家。从选民家里出来，幸之助好像有所感悟，忽然停下脚步，不肯再往前走了。

"走哇！"朋友们催促道，"你在想什么呢？"

"你们注意到没有？"幸之助说，"选民们好像对咱们并不欢迎，这我能看得出来。"

"这很正常啊！"朋友们说，"全区有28名候选人，每人到选民家拜访一次，他们就得接待28次。选民们早就厌烦了，这是没有办法的事。"

"你们想过没有，我们的本意是想让选民了解我，喜欢我，可现在他们厌烦了，他们还能投我的票吗？"

"可是，别的候选人都是这么做的呀。他们有时还不止来一次，最多的要来四五次呢。"

"这不是适得其反吗？"幸之助说，"我的想法是，每户选民只能拜访一次，而且必须求得他们的谅解。"

"松下君，你的想法总是与众不同。"朋友们说。

于是他们接着走下去。每到一户，幸之助都这样说。

"我是第一次当候选人，对议员的工作还不是十分了解，然而这是一项极为重要的工作，如果我一旦荣幸当选，一定尽力为大家服务，我只来拜访这一次，请恕我不再来打扰了，今后请您多多关照。"

这样的拜访每家只用一二分钟，可是给选民们留下了深刻的印象，他们背后说："瞧，这位松下先生和别人不一样哎！"

20 天很快过去，选举结果出人意料之外，幸之助竟以得票第二的绝对优势当选为联合区的议员。

"没想到你还能当上议员。"那天晚上，井植梅之对丈夫说，"想想咱们家原来是个什么样子吧，才几年的工夫，你竟然成了有身份的人物啦！"

"其实我也没有想到有今天。"幸之助说道，"本来我是不想当什么议员的，可是那么多人捧着我，我不能不识抬举呀。"

走向成熟

　　幸之助的事业，从一个家庭式的小作坊发展到现代化的企业，这里既有对现代管理科学的认真学习，也有对传统文化的广泛吸收。

高野山上的"试运石"

幸之助从 22 岁辞去电灯公司的工作，到 30 岁当选为区议员，仅仅 8 年的时间。这时的幸之助由于年轻气盛，未免得意忘形，用他老年回忆的话说，"自己不但觉得是个幸运儿，简直是一个了不起的伟大人物"。

尽管那时的幸之助有一些狂，不过他一没有忘记发展，二没有忘记学习。

幸之助自幼失学，文化底子并不高，但他开办企业以来，学习热情始终不减，他曾读过一本美国汽车大王福特的传记，对书中所述福特的管理理论大感兴趣，将这本书反复读了几遍之后，他对妻子说：

"太好了！这位福特就是我的第二个老师！"

梅之一时不解，问道："第一个是谁呀？"

"哈！"幸之助笑起来，"那就是山本先生啊！"

可是有一天：幸之助的这两位"老师"竟冲突起来。

福特有一个"自动降价"理论，他认为企业如果能适时地降低产品售价，这将会受到社会的欢迎并提高销售量。

幸之助读到这里，马上想到自己的炮弹型车灯，他觉得车灯的销售已经接近巅峰，应当考虑主动降价了。

可是，由于炮弹型车灯的销售权在山本的手里，此事不同山本商量就办不到。

谁知山本坚决不同意，他认为炮弹型车灯是一种短期流行的商品，主动降价将会得不偿失。

这样，一个"老师"就在反对另一个"老师"了。

幸之助不甘心，总想自己尝试一下。

恰好这时幸之助又设计出一种方型车灯，他给这种车灯注册了商标，称作"国际"牌。

方型车灯各方面的性能均不在炮弹型车灯之下，可是幸之助不能立即把它推向市场。这是因为，在山本代销炮弹型车灯期间，再推出任何新型车灯都必须通过山本，否则就是违约。

幸之助很想通过这种方型车灯实践一下"自动降价"理论，于是就找山本商议，希望山本能同意他在小范围内试销方型车灯。可是山本坚决不同意，他怕这会影响炮弹型车灯的销售。

两人争论了许多次，幸之助反复向山本说明，炮弹型车灯绝非流行一时的商品，而是具有长久实用价值的永久商品。既然是永久性的东西，就得拟订长久的规划，也就是说，定价要降低，制品要改良。他请求在不影响炮弹型车灯销售的前提下，允许试销方型车灯。

两人争得很激烈，有时竟会面红耳赤。

终于有一天，山本让步了："好吧，你花了那么大的功夫来说服我，我可以同意，但你总得付出代价吧？"

幸之助问："什么代价？"

山本说："1万元现金。"

幸之助吓了一大跳。1万元可不是小数目。当时方型车灯正在试用阶段，前途如何尚不可知，这时提出用1万元的代价换取销售权，简直是出难题！

见幸之助犹豫，山本便得意地笑起来，好像是在说："怎么样？我早料到你是没这胆量的。"

幸之助哪受得了这个？何况他实在太想在方型车灯上实践一下自己的设想了，于是他咬咬牙，回答道："好吧，我同意拿出1万元现金。"

山本大感意外："松下君，你说的是真的吗？"

"没错，我答应了，"幸之助说。

山本很觉过意不去，便说："既然我赚了你的1万元，就让我请你吃饭吧。"

于是，他带着幸之助和他的两位僚属——木谷经理和加藤法师——来到大阪著名的风景区高野山。这是有钱人来的地方，幸之助也是第一次来。

这顿饭，幸之助吃得并不香。

饭后，一行四人在高野山上游玩了一番。不过幸之助却总是郁郁寡欢，他花了1万元冤枉钱，想乐也乐不起来。

高野山上有一块著名的"试运石"，传说是日本的一位高僧从唐代中国带回来的，所谓"试运石"，据说谁能搬动它，谁就能交上好运。

山本说："我们都来试试运气，如何？"

加藤说："老衲是出家人，只问修行，就免了吧。"

木谷说："那好，我们三人倒要一试。"

于是山本先搬那块石头，未能搬动。

接着是木谷，也是同样。

这时，幸之助心想：我是花了1万元到这里来玩的，何不借这块石头问问今后的命运呢？于是他在心中默默地

松下幸之助

祷告上苍，祈求明示。然后他运足全身力气，弓下身去，只听"嗨"的一声，石头居然被搬起来了。

在场的四人都大吃一惊，因为除加藤法师外，幸之助是身体最弱的，不想竟是他搬动了"试运石"。

山本说："松下君，前程不可限量啊！"

木谷说："看来这1万元花得也不冤了！"

加藤说："阿弥陀佛！"

只有幸之助什么也没说，只在心中默念道："感谢神明，国际牌车灯必定成功了！"

幸之助一向是有些迷信的。其实，"试运石"被搬动什么也说明不了。一则身体瘦弱不等于力气最小；二则搬动石头时的着力点十分重要；三是身体内的潜能也可以在瞬间得以调动。可是幸之助却把这一切归于冥冥中的神秘力量，上山时的抑郁心情此刻一扫而空了。

"不虚此行啊！"他对自己说。

传记丛书

世界名人

松下幸之助

北方妇女儿童出版社

下

韩兵侠⊙编著

一万只免费车灯

从高野山回来后，幸之助立即着手准备推销国际牌方型车灯，虽然在山上得到了"神灵"的"明示"。不过他一点儿也不敢掉以轻心，而是反复地检验了新灯是否实用，结果是令人喜悦的，这说明幸之助在迷信的同时，还是没有忘记科学。

科学与迷信并存，人有时就是这样奇怪。

花了1万元代价才买回来的东西，推销起来当然非拼命不可。他决心要好好地做一番宣传。可是这宣传怎么做才好呢？他忽然想到在山本那里学到的"出奇制胜"，便对自己说："方型车灯的宣传非用奇招不可！"

想要出奇招，奇招就来了，幸之助突发奇想：何不拿1万只车灯免费撒向市场呢？因为从来没有人这样做过。所以一定会引起方方面面的注意，这岂不是最好的宣传？

既然要免费散发1万个车灯，相应地就得有1万个免费的电池。当时为松下厂协作制造电池的厂家已不是最初的小寺电池厂，而是位于东京的冈田电池厂。幸之助主意既定，立即赶往东京，他希望冈田老板能和松下厂共同做成这件事。

"松下君，你不觉得你的计划太过分了吗？"听完幸之助说明来意，胖胖的冈田老板不禁有些吃惊。

"冈田先生，我早料到你会吃惊。"幸之助诚恳地说。"可我不是白向你要1万个电池，我们可以附带条件。我保证在年底以前卖出 20 万个，这个数目你还不满意吗？那时请你赠送我 1 万个电池，如果我卖不上 20 万个，我将如数付款，因为我有信心，所以先向你要那 1 万个电池。"

这要求是合理的。在零售时，如能买上 20 个电池，也总要多给一个作为奖励。

"松下君，你可真了不起。"冈田说，"我做生意 15 年，从来没有人这样来谈生意。好吧，就照你说的办吧。"

一切准备好以后，幸之助便正式向社会散发国际牌方型车灯了。这种闻所未闻的事立即引起方方面面的注视。

按照事先规定好的条款，每人只能索取一只车灯，多要是不给的。1 万只车灯可不是小数目，怎么送也送不完。当车灯才送出 1000 只，已经有人登门要求订货了。按照自动降价理论，每只方型车灯比炮弹型车灯便宜 2 分钱，可是销售量却上去了。到了年底，销售量不是计划的 20 万只，而是 47 万只。

这意味着冈田也销售了 47 万个电池，销售额上去了，电池厂的老板也就发了财。

元旦刚过，冈田老板就风尘仆仆地赶到大阪来拜年。以前，他是从来不给任何人拜年的。

"我的天，47 万，我做梦也没想到会卖这么多。"冈田老板表情有些夸张地说，"我这 15 年间，见过各种人的各种计划，多半归于失败。说实在的，你的计划当初我也不敢相信，真没想到，你竟然会弄成功了！"

接着他又迫不及待地问道："你当初就那么有把握？你就不怕连本钱都捞不回来吗？"

幸之助笑道："我是有把握的，首先我相信我的产品，产品反正是要做广告的，我把做广告的钱变成车灯撒出去。这难道不是最好的广告吗？每一个白拿我的车灯的人，都是我的义务宣传员。他们说的话人们更愿意相信，这叫什么？这就是出奇制胜啊！至于那些没有领到免费车灯的人，他们就会想去买一个。这时我的车灯降价了，虽然只降了2分钱，他们会觉得降价和免费都是一件值得欢迎的事，所以他们愿意掏出钱来，结果我的销售额就上去了。"

冈田赞叹道："你真是把生意做神了！"

幸之助说："夸奖了，其实我也是学来的呀。"

中尾哲二郎

自从认识山本武信以来，使幸之助感受最深的是他那一对左膀右臂，在多次谈判中，幸之助实际上面对的不是山本本人，而是木谷经理和加藤法师。而幸之助这边，永远都是一个光杆司令。

幸之助一天忙到晚，身体虚弱的他常常感到很累。他有时想：我上哪儿去找像木谷和加藤这样的人才，也来帮帮我呢？

幸之助的事业在逐步发展，人员也逐渐增多，可是整个松下厂的从业人员文化水平都不是很高，包括幸之助本人在内，大多是小学以下的文化程度，很少有念过中学的。想在这里找到像木谷和加藤那样的人，谈何容易。

可是，在结识中尾哲二郎之后，幸之助认识到，人才是多种多样的，他们就在自己的身边。

有一次，厂里来了一个小伙子，二十岁出头，头发留得长长的，像个文静的学生。一问，才知道此人是与松下有关系的一家协作厂的工人，名叫中尾哲二郎。

"我来借你们的车床用用。"中尾说。

幸之助见他技术挺熟练，通过交谈，又得知他做过多年的学徒，是最近才到那家协作厂做工的。

学徒出身，幸之助一听就喜欢。

可是，中尾在学徒期间还坚持读夜校，手里有一张中等专业的文凭。这一点幸之助只能自叹弗如了。

不几日，幸之助见到那位协作厂的老板，便对他说："你们厂的中尾很不错嘛，你老兄很有眼力哟！"

谁知那位老板却连连摇头，说道："不行，不行！这人毛病太多，一天到晚总是抱怨我们这也不对，那也不对，讨厌得很呐！"又说，"你要是觉得他好，干脆就把他调过去得了。拜托！拜托！"

这对幸之助来说正中下怀，于是中尾就成了松下厂的一名工人。

在以后的接触中，幸之助发现中尾工作认真，不计名利，任劳任怨，敢于负责。这都是幸之助喜欢的好品质，所以幸之助常把一些重要的事情交给他去办。

谁知好景不长，过了一年，中尾忽然来找幸之助，吞吞吐吐地说："老板，实在抱歉，请允许我辞职。"

幸之助感到意外，忙问："为什么？"

中尾说："以前我在东京做学徒，老东家对我很好。

松下幸之助

前几天接到他的公子来信，说是要重新开工厂，让我回去帮他。这种事情，我无论如何是不能推辞的。"

幸之助一听，觉得不便阻拦，只好说："实在地讲，我真不愿意放你走。可是报答旧主人之恩，这是一件值得称赞的事，也只好放你啦！"

中尾临行前，幸之助在大阪市的一家豪华饭店为他举行欢送会。全体松下职工都出席了。席间，幸之助亲自祝酒，勉励中尾到新厂一定好好干，万一工作不顺利的话，请不要到别处去，千万千万回松下来。

中尾去的那家工厂是个铁制品厂，他在那里负责销售。

第二年，幸之助到东京营业所去检查工作，井植岁男告诉姐夫说："中尾君来过了。"

"哦，中尾君来过了吗？"幸之助一喜，忙问，"他现在怎么样？工厂办得好吗？"

岁男说，中尾所在的那个铁制品厂经营得并不顺利，定货不足，销售不畅，虽然中尾花费了好多心血，仍然不见好转迹象。岁男劝他仍回松下，中尾却又不肯，决心要为铁制品厂死拼到底。

幸之助听了，更加佩服中尾的为人，便长叹道："只怕这样硬拼，于厂子无益，倒把一个人才给埋没了！"

岁男说："姐夫，我知道你是喜欢中尾的，我倒有一个主意，能把中尾挖回来，不知姐夫肯是不肯。"

见幸之助很有兴趣的样子，岁男便说道："现在铁制品厂正有难处，如果我们能帮他一把，中尾必定感恩戴德，那时再提出让他回松下，话就好说了。

"你让我怎么帮他呢？"

"如果能把松下的铁件部分拿到东京来加工，这对我方并无损失，而铁制品厂却能稳定，到那时再提中尾回松下的事，料想铁制品厂的老板也无话可说，你看如何？"

幸之助觉得这是个好主意，便指示岁男去办这件事。

岁男把这件事办得挺完满，那家铁制品厂成了松下的协作厂，有了稳定的订货，产品也有了销路，中尾也就不用再为它操心。就这样，中尾在离开松下两年以后，终于又被幸之助挖了回来。

中尾回来后，幸之助把他安排到刚刚成立的电热部。让他负责技术工作，给他的第一个任务是设计一种廉价、实用的新型电熨斗。中尾在夜校学的是电机专业，本人又聪明好学，对设计工作很感兴趣，他很高兴地接受了任务。

他认真研究了美国西屋公司的产品，在此基础上做了改进，他的设计思路是，要让普通人也能排除电熨斗的故障，所以把一些小工具作为配品附在电熨斗上。

样品制造出来，可是价格昂贵。

"这样可不行。"幸之助说，"我们的目标是生产廉价的电熨斗，要让一般老百姓买得起，所以产品必须重新设计，在保证质量的前提下，努力降低成本。"

幸之助又说："产品上附带工具，只能增加用户的负担，其实重要的是产品经久耐用，那些附带的工具是没什么用处的。"

在幸之助的指导下，中尾努力使电熨斗的结构变得简单，同时不易损坏，几经改进，这种电熨斗的成本终于被降了下来，每一只才卖三元多钱，这对于一个普通人家也完全是可以承受得起的。

对于幸之助来说，他的收获是双重的——占领电熨斗市场和找回中尾哲二郎，都是同等重要的。

炒了朋友的鱿鱼

松下的电热部成立时，幸之助还找来一位叫武久逸郎的朋友，让他负责经营方面的工作。

这位朋友也住在大开街上，开了一家武久米店。他早年曾做过米店学徒，后来靠着自己的力量也开起米店来。由于他和幸之助都是老板，又有着相似的经历，所以两人很能谈得来，日子一久，就成了过从甚密的朋友。

电热部的成立是幸之助筹划已久的，他不止一次地向老朋友谈起成立电热部的打算，武久对此也颇感兴趣。

"松下君。"武久问道，"你成立电热部，打算经营什么产品呢？"

"电熨斗。"幸之助很有耐心地讲解着自己的发现，"你注意到没有？现在市场上的电熨斗价钱过高，一般老百姓用不起，所以需求量也就不是很大。如果能把电熨斗的价格降下来，那么这个市场还会小吗？"

幸之助兴致勃勃地告诉老朋友：在日本，能生产电熨斗的厂家只有三家，再加上一些进口货，电熨斗的年销量大约只有 10 万只左右。

幸之助说："电熨斗毕竟与人们的日常生活关系密切，

只要价钱便宜，应该能受到老百姓的欢迎。"

武久问道："电熨斗的价格怎样才能降下来呢？难道你想让它降，它就能降吗？"

"武久君，你读过美国汽车大王福特的书吗？"幸之助说，"福特有一个'大量生产理论'，他认为，产品只要大批生产，价钱就能降下来，我想在电熨斗上试一试。"

"真的吗？"武久十分惊讶，"只要大批生产，价格就会降下来吗？"

"我给你举个例子吧，"幸之助说，"你看，大街上的自来水龙头是没人看管的，谁走过那里都可以拧开取水喝。乞丐拿了别人的东西就是偷，可是乞丐拧开自来水龙头喝水却没人说这是偷。究其原因，只不过因为自来水是大量生产的，虽有成本，却成本极低，低到人们可以不愿计较的地步。如果电熨斗能像自来水那样多，你想价格还能贵得起来吗？"

武久问："电熨斗要生产多少才能降低价格呢？"

"月产1万只，"幸之助说，"价格可以便宜三成。"

"我的天！"武久说，"就是说，年产量要达到12万只，你不怕卖不出去吗？"

幸之助说："这应当是不成问题，只要价钱降低了，许多过去不敢买电熨斗的人就都会来买的。"

这样谈了几次，武久也对电熨斗的开发有了兴趣。正好武久手头有一些钱，不知往何处投资好，便一心要共同开发电熨斗。

"好吧。"幸之助说，"那就让我们合伙吧！"

　　这时刚好中尾也回到了松下，幸之助就把电热部委托给他们二人，中尾负责技术，武久负责经营。

　　因为电热部是两人投资，幸之助出于对朋友的信任，就把它完全交给武久去管理，自己采取不过问的态度。

　　可是过了半年一拢账，电热部居然出现了亏损。

　　"这是怎么回事？到底问题出在哪里？电熨斗明明是赚了钱，怎么会亏损呢？幸之助决心要查个明白。

　　经过一番认真的检查，症结终于搞清楚了。原来是武久对电器行业不熟悉，加之他自己还开着米店，不能全力以赴地对付电热部的工作，而幸之助自己又撒手不管，于是造成经营上的失当。

　　虽然武久是朋友，但幸之助一点也不肯含糊，马上把武久找来，对他说：

　　"武久君，关于电热部亏损的事，我觉得首先是我的错误。你虽然是我的朋友，也是共同经营者，但我不该把经营的责任交给外行的你。电热部是新开发的部门，我本来应当把全部精力用在这上面，所以错误在我而不在你。"

　　接着幸之助又说："坦白地说，你原先是开米店的，本不适于做制造业的工作。依我看，你还是回去开你的米店为好。电热部由我来接办，到今天为止的亏损全部由我负担，你看怎样？"

　　武久显得很难过，说道："我很抱歉，是我没有做好工作，其实责任应当是我的。我同意退出经营，可是我不想和你分开。这样走了，总觉得很没面子……"

幸之助见他态度诚恳，便说："那好，如果你对松下电器有感情，对电器事业有兴趣的话，我劝你干脆到松下来做一名职员。这当然是委屈了你，可是你除非从头学起，别无他法，请你考虑吧。"

武久答应回去好好考虑一下。

第二天一早，幸之助还在睡觉，武久就跑来了，一见面就说："昨天的事，我想了一宿，总算下了决心，要进松下做个职员，请你一定收下我。"

幸之助问："你说的这些都是真的吗？你不后悔吗？你能听我的指挥吗？"

"那是没问题的。"武久挺了挺身子，说道，"我是男子汉大丈夫，发誓的事，一定做到。"

幸之助紧紧地握住他的手，激动地说："欢迎你，武久君，你真是了不起，我失去了一个难得的朋友，却得到一个可靠的职员。"

就这样，武久以普通职员的身分进入了松下电器，幸之助把他派到了营业部，而幸之助则亲自在电热部坐阵，很快就扭转了亏损的局面。

通过这次武久经营失败，幸之助得出一个教训，那就是，企业经营千万不能任用不称职的朋友，其中最直接的原因是：关系划分不易明确。朋友可以在一起谈心，但绝不可让他参与公司的事务——这后来成为松下电器任用干部的一条重要原则。

收音机一炮打响

电熨斗开发成功之后，幸之助把立下头功的中尾哲二郎调到研究室当主任，并且给他下达了新的任务——开发真空管收音机。

"这……"一向敢挑重担的中尾，此刻竟然搔起头皮来，"我是学电机的呀！真空管我是门外汉哪……"

幸之助注视着这位年轻人，以坚定的语气对他说道："电机也好，收音机也好，电熨斗也好，总归都是电器，都是一脉相通的。现在，许多无线电爱好者都能装配收音机，你们的研究室有优良的设备，条件要比他们方便多了。还有，现在市场上各种各样的收音机很多，也可以买来作参考。我们制造的收音机要比他们的全都好，人家的缺点我们要避免，人家不具备的性能我们要具备。总之一句话，关键是要有信心。"

见中尾不做声，幸之助又接着说道："各厂的技术人才，你随便挑，组成攻关小组；试验资金，我足量给你，你说你还需要什么？"

这时，中尾还是低着头，好像在思索什么。

"中尾君，请抬起头来，让我看看你的眼睛！"

中尾缓缓抬起头来，只见他两眼闪着灼灼光辉。幸之助满意地点点头，他知道，这个年轻人的热情已被点燃了。

"好！中尾君，你一定能成功，拜托了！"

中尾接受任务后，立即组成一个攻关班子。日夜奋战，终于在两个月后，把一台样机送到了幸之助的办公室。

"总经理，您交给的任务，我们搞完了。"中尾说。

"好，我就知道你能行嘛！"幸之助夸奖道，"来，我们来研究研究它吧。"

在经过一番仔细推敲并与市场上同类产品作了比较分析之后，幸之助说："不错，可它还不是最好的。"

中尾问道："总经理心目中最好的收音机是什么样的呢？"

于是，幸之助对设计人员又提出如下目标：

这种收音机，它应当是寿命长，噪音低，声音悦耳，节省电流，操作简便不复杂。

"一句话，我们生产的是外行人也会使用的收音机！"

又用了将近一个月，中尾到东京，几经筛选，选购了一家真空管厂的最新产品。用这种真空管装配的收音机，可以连续使用 72 小时而不被烧毁。当然，谁家的收音机也不会开上一两天。可见，松下产的收音机是当时最结实的收音机。

中尾又选用了大口径的纸盆喇叭，发出的声音更丰满洪亮。再经反复实验，又将这种新型收音机的耗电降至 25W，而性能却不减。

"中尾君，再给你一个任务：办理一下商标注册。"幸之助高兴地说，"我们就叫它'国际牌'收音机吧。"

不久，"国际牌"收音机在日本广播协会举办的向用户推广收音机的比赛中，荣获第一名。这是幸之助所没有想到的，也使同业惊讶不已。松下电器在这样短的时间里，就完成了策划、设计、定型和生产——一般厂家要用几年才能完成的流程，不能不说是一个奇迹。

接下去的事情就是销售了。

幸之助举行了一次庆祝"国际牌"收音机获奖暨招待代销商的宴会。宴会上幸之助谈到"国际牌"收音机的定价问题，引起会场一片哗然。

"太高了！太高了！"代销商们交头接耳，议论纷纷。

有一位代销商干脆站了起来，说道："不管参加日本广播协会主办的收音机比赛大会获得什么等级的奖赏，现在刚刚起步的'国际牌'收音机就把价格定得比一流厂家还要高，我们站在代销商的立场上是无法接受的。"

又有一位代销商站起来说："我们希望松下厂能够认真考虑营销策略。我们认为先采取低价策略是比较明智的，按照通常做法应当先占有市场再慢慢提价。"

面对众多代销商，幸之助寸步不让，说道："众位的想法不能说没有一点道理，不过今天，我希望你们能放弃单纯的代销商的立场，真正了解与理解制造厂家的利益与苦衷。"

这时宴会厅里已经没有了刚才交头接耳的场面，代理商们全都注视着幸之助，听他继续讲下去。

"我可以开诚布公地告诉大家，由于'国际牌'收音机选用了市场上最优秀的真空管和其它配件，所以导致成本上升，如果采取低价策略，必将使松下厂无利可图。只有让制造厂家能够盈利，他的事业才能得到发展，达到大量生产的目的，以图将来价格的降低。希望大家能与我通力合作，拜托大家！"

在他的发言里，既有山本武信的强硬作风，也有福特经营理论的影子，他把从这两位老师那里学来的东西融化在自己的行动里了。

听完幸之助的陈述后，代销商们再也没有提出相反的意见，终于以高于市场上同类产品的价格推出了"国际牌"收音机。由于该机设计先进，性能优良，使用方便，销售并未受到高定价的影响，销售量一路扶摇上升，很快就在市场上站住了脚。

一个员工也不能裁

1929 年，资本主义世界爆发了全球性的经济危机。这场危机持续时间之久，范围之广，破坏力之大，都是前所未有的。日本作为一个岛国，资源匮乏，市场狭小，所受打击尤为沉重。生产下降，企业关门，工人失业，整个社会都笼罩在一片愁云惨雾之中。

这是整个社会的灾难，松下电器也未能幸免，销售额急剧下降，企业进入困境。

那年冬天，幸之助正值病中，井植梅之陪他在西宫养病。西宫是个景色秀丽，气候宜人的疗养地。即使是在严冬，那里的温泉仍是冒着缕缕水气。不过那年冬天格外寒冷，一场大雪过后，竟一连数日阴云密布，那铅色的厚厚的阴云，压得幸之助很不好受，病也重了些。

这天，井植岁男匆匆来到西宫，他现在已经长成大人了，是幸之助离不开的得力助手。

"总经理，"一进屋，岁男便叫道。

从他那忙乱的神色中，幸之助预感到了什么："别忙，坐下慢慢说。"

"总经理，销售天天减少，库存天天在增加。"岁男递上一纸报告，那上面全是红色的数字。

幸之助对厂子面临的困境早有耳闻，只有没有见到具体的数字。他略扫了一眼报表，问道："先说说你的意见吧。"话没说完，便咳起来，呛得满面通红。

岁男说道："目前的这种状况必定会持续相当一段时间，我们综合了大家的意见，提出产量压缩一半，同时为了节约开支，人员也须裁减三分之一——当然，等厂子情况有了好转，还是要请他们回厂效力的。这是不得已的办法，应向员工说明白，以求得他们的谅解。"

幸之助仰靠在沙发上，面色潮红，双眼微闭。梅之从屋外走来，为弟弟他们送来一杯热茶，随即又退了出去。幸之助只是不语，室内的空气好像一下凝固住了，岁男他焦急地等待着他的指示。

过了一会儿，幸之助睁开眼睛，说道："我同意你的意见，产量可以压缩一半，不过员工一个也不能裁减，也不能减少薪水……"话没说完，幸之助便剧烈地咳起来。

等幸之助咳完，岁男为难地说道："我知道姐夫的苦心，可是生产压缩了，人员不减，薪水还要照发，这等于背上一个大包袱啊……"

幸之助挥挥手，示意他稍安勿躁，然后说道："减产

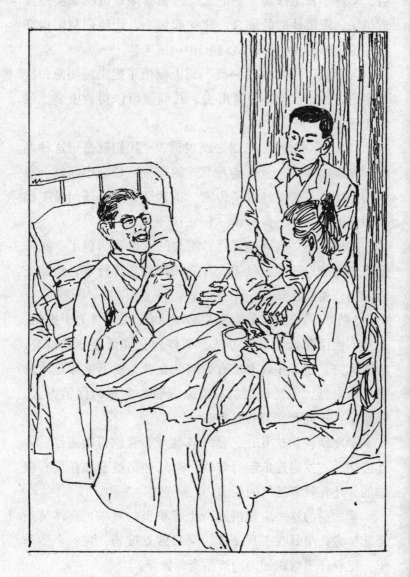

松下幸之助

后，实行半日工作制，要把工厂面临的困难情况如实地告诉员工，求得他们的配合，建立起信心，让他们与销售部门一道，倾尽全力于产品的推销……"

"对呀！"岁男眼睛一亮，马上领悟了姐夫的用意，接着说道，"只要产品能卖出去，我们就可以得到资金，就能免于倒闭……"

"对，你明白了。"幸之助说道，"我们就是用这种办法，先渡过难关。至于半天工资的损失，是个小问题。重要的是让员工树立'以厂为家'的观念，所以任何员工都必须照旧雇用，不得解雇一个……"

岁男听罢，高兴地说："姐夫的意思我明白了。我一定将您的意思转达给员工，并遵照您的意思行事，请您安心养病，勿须挂念。"

"别忙，我还有话要讲。"幸之助又说，"关于推销，千万不能用降低售价的办法，那样做会降低企业的信誉，贻害无穷。松下在日本是有影响的企业，松下电器是质量最好的电器，不是破烂货。要采取诚心实意的促销办法，要给予客户周到完善的服务……"

幸之助说到这儿，又是一阵猛咳，直憋得脸通红，并连连摆手。岁男连忙起身告辞，茶几上仍摆着那杯没有碰过的、还在冒着热气的茶水。

幸之助的这一应急措施产生了积极的效果，全体员工奋起努力，半日在工厂工作，半日四处推销，在一个冬季里，把仓库里堆积如山的产品全部售出。

岁男每日都到西宫去向姐夫汇报一次工作，并求得指示。他夙兴夜寐，熬红了双眼。不过他打心里钦佩姐夫临危不乱的决断。

不久，幸之助大病初愈，又回到大开街。他召开全体员工大会，并在会上发表讲话，感谢员工在困难时刻没有抛下企业，而是团结一致共渡难关。讲话完毕，台下一片欢呼。幸之助弯腰向台下深深地鞠躬。

逛庙引发出哲理

到1931年底，松下电器已扩大到相当规模，有八处分厂，产品有四大类二百多个品种，从业人员一千余人。这时的松下电器早不再是大阪市一隅小巷子深处的家庭作坊了，而是在日本电器行业中占有相当分量，无人不知，无人不晓的堂堂中坚企业了。

由于幸之助在事业上的成功，前来游说他的人也就多起来。不是要求他做这样的事情，就是要求他做那样的事情，就连宗教界人士也来了，当然是请他信仰宗教。

有一位与松下有业务往来的经销商来找幸之助，对他说："松下先生，我知道你很忙，但我请求你给我20分钟时间，我有话要对你说。"

幸之助不能拒绝他。

那位经销商讲道："松下先生，我前几年的情况你是知道的，样样事情都不顺利，不幸的事情接连发生。这时我的一位朋友劝我信天理教。一开始我并不感兴趣，半推半就地到庙里去了一两次。慢慢地我的想法改变了，我现在心胸开阔，认识到人生原来是很有意义的。松下先生，你是企业界的成功者，看到你的经营作风，我感到你是我的知己，像你这样的人如能走上信仰之路，一定如虎添翼，获得更高层次的成功。我冒昧地劝你，最好能和我到庙里去参拜一次，我想你定会有所感悟的。

幸之助一开始对他的话并不十分感兴趣，但那位经销商并不死心，每隔几天就跑来规劝一回。幸之助见他态度诚恳，在盛情难却的情况下便同意跟他到天理教总部走一趟。

天理教总部距大阪很远，须乘一小时火车。那一天，他们一早就上路，8时许到达。庙就设在一座山上，是一处颇具规模的建筑群。那位经销商给幸之助做向导，一路参观了各处神殿、墓地和信徒学校。寺庙的规模和教徒的虔诚都给幸之助留下深刻的印象。

不过，对幸之助来说，最令他感兴趣的却莫过于下午参观天理教开办的制材厂了。对于开工厂的人来说，他自然会用企业家的眼光来打量这个厂子。

一进厂区，就见宽敞的场地上有好几座厂房，厂房外面的空地上木材堆积如山。进了厂房，就听见马达和电锯的轰鸣声。许多工人汗流浃背地工作，每个人的神情都有一种独特的、严肃的味道，甚至可以说是战战兢兢。他们好像不是在劳动，而是在从事一项神圣的事业。

那位经销商告诉幸之助，这个厂子有一百多名工人，大多是自愿到这里来工作的，他们只求奉献，不拿工资；生产中的纪律他们都会自觉遵守，而没有任何强制。工厂所加工的木材都是全国各地信徒们捐献的，加工后的产品用于宗教建筑。

这时，幸之助感到一种强烈的震撼。

那位经销商说："当前许多地方都在发生劳资纠纷，搞得实业界人心惶惶。

松下先生，你的工厂因指导方法正确，所以没有发生任何问题，可是随着工厂的扩大，人员的增加，自然就容易产生问题。你现在的事业如日中天，但未雨绸缪，防患于未然总是应该的。我希望你今日就皈依佛门，这对你的事业是有好处的。"

幸之助回答说："谢谢你对我的关心，今天的参观给了我深刻的启发。我尊敬宗教，但我还不想成为信徒。"

天色渐晚，那位经销商决定在庙中留宿，幸之助就只好独自一人回去了。

他坐在火车上，心里却总也不能忘怀那家制材厂和在厂里虔诚劳作的工人们。虽然他还不想信教，但他却敏感地觉察到，宗教与企业有着异曲同工、殊途同归的妙处。

今天在天理教制材厂所见到的场面，真是壮观。那种别无所求的生产，令人感佩。那么多人快快乐乐地在一起工作着，并且十分认真，不但自己快乐，还要让别人同自己一样快乐，这种使人乐意尽全力的经营方式，难道不能运用到松下电器中去吗？

如果说宗教的目的是使有烦恼的人消除烦恼，是一种伟大的事业；企业的目的是生产人们生活的必须品，也是一种伟大的事业。那么，企业完全可以把它经营得像宗教那样神圣。

回想起以往走过的路，幸之助觉得到了总结一下的时候了。自从辞去电灯公司的工作，十几年转眼过去，这中间自己做了很多的事，但总归是为了生存，为了赚钱。这是一种低层次的经营，现在应当有更高的目标和追求了。

火车驶进大阪，幸之助还在为这些问题而苦苦思索着。作为一个资本家，他的思想产生了飞跃与升华，尽管"不为赚钱"的设想是否具有现实意义尚是疑问，但他对高层次经营的思索却无疑具有可贵的内涵。

创业纪念日

幸之助回到大阪之后，就决定把他在火车上想好的事情付诸实行了。他知道，这不是一朝一夕所能奏效的，需要坚持不懈的努力，从一点一滴做起。

他把岁男叫来，吩咐道："我要开一个会，你帮我筹备一下。"

1932 年的 5 月 5 日，松下电器 167 名员工代表在大阪中央电气俱乐部礼堂集合，他们将要在这里举行松下电器成立 15 周年庆典纪念会。这个会是精心策划的，井植岁男按照姐夫的意思做了大量的准备工作。

这一天正是日本传统的"男孩节"，这是年满 18 岁的男孩庆祝成人的节日，与中国古代为男孩举行"冠礼"有几分相似。选定在这个日子开会，似乎格外具有深意。

上午 10 时许，老板的那辆"思替贝克"豪华轿车驶到礼堂门前，幸之助容光焕发，气宇轩昂地走下车来，全体与会人员在礼堂门前列队恭迎。

10时，会议开始，幸之助走上讲台，充满信心地发表演说：

"今天我请各位集合在此，就是要告诉你们，松下电器从现在起到将来所应担负的使命。"

幸之助顿了顿，环视着会场。只见会场内一片寂静，员工们屏声敛气，那气氛既肃穆又庄严。幸之助满意地点点头，继续说下去。

"我在前些日子有所领悟。松下电器发展到今天，已是一个强大的企业。可是我想，这样的成功，也只不过是一种生意人的成功而已。我的心中有了疑问：我们可以满足于现状吗？

"最近我到天理教开的一家工厂参观，那里的盛况令我吃惊。我忽然想到，宗教和企业的使命有着相似之处，都是为着更幸福的人生而努力。"

幸之助本不善于言谈，但身为老板，需要讲话的地方太多，这是无法回避的。经过几年的磨练，讲话对他来说已不再是难事，只不过要说得慢一些。

"企业家的使命就是要彻底消除贫困。那么如何达到这个目的呢？这就是生产再生产。如果我们把生活物质变得像自来水一样无限多，就可以降低售价，消除贫困。"

"现在我要告诉各位，松下电器的真正使命就是生产再生产，使物质变得无限多，让人们能买到便宜的东西，过上舒适幸福的生活。"

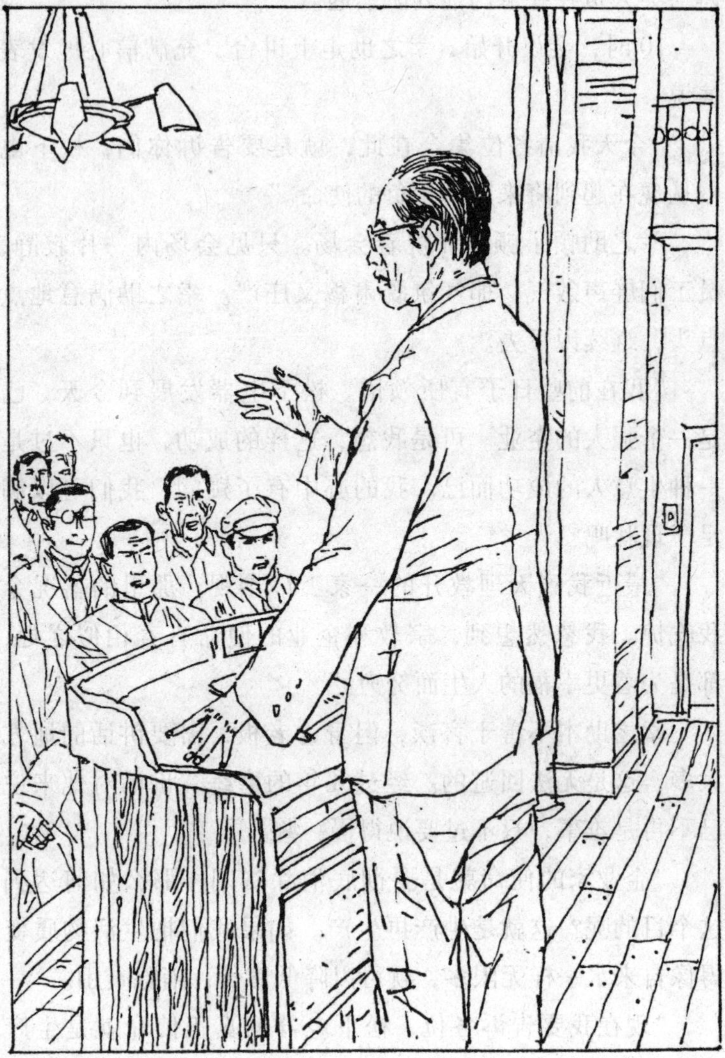

说到这里，幸之助的两眼有些发热，他也被自己的讲话所感动了。他就那样站着，久久不说一句话，而听众也静静地等着，一时间，会场上鸦雀无声。

许久，幸之助又说下去：

"我希望大家勇敢地挑起这副担子，没有责任感的人，我不得不认为他与松下电器无缘。我并不希望人数众多，而希望的是有使命感的人团结起来，朝着目标前进。

"在这里我必须声明一句话：我们的使命重大，理想崇高。因此，有时我不得不以严峻的态度要求你们。对各位的辛劳，我一定会重重地酬谢。"

会场有些骚动，幸之助伸出双手，示意大家稍安勿躁，然后他用高亢的声音宣布：

"今天是 5 月 5 日，我要指定这一天为我们的创业纪念日。以后每逢这一天，一定要举行隆重的典礼来祝贺，我要把今年取名为'命知创业第一年'，以后就是'命知'第二年、第三年……'命知'就是'知道使命'的意思。过去的 15 年，只是婴儿期，现在的松下算是长大成人了。"

幸之助讲完话，接着又宣读了一篇事先拟好的《创业宣言》，内容不外是前面讲话内容的浓缩。《宣言》最后说："从此以后，这一篇宣言，于每年的 5 月 5 日以及其它重大节日，都要拿出来朗诵一遍。"

幸之助讲完话，又有早安排好的职工代表登台致答谢辞："今天我们能够参加第一届的创业典礼，感到无限光荣。我们全体从业人员，得到了业主的谆谆教诲，无以为报，心感歉疚。可是我们今天听到了宣言，如同梦中听到警钟，我们一定尽全力体会它的真义，为达成任务，赴汤蹈火，在所不辞，是以为誓。"

会场的情绪被调动起来了。下面的自由发言，情景热烈，高潮迭起。幸之助没有料到这次大会能够得到这样强烈的回响，要求发言的人太多，时间已不允许，他只好宣布散会。与会者激动地连连高呼"日本万岁"等口号，方才各自散去。

幸之助的理想境地当然是美妙的，可是在此后不久，松下电器就在日本军国主义者的"圣战"中扮演了助纣为虐的角色，帮助日本法西斯把中国人民、东南亚人民和日本人民一道推入了苦难的深渊，这真是一个莫大的讽刺。

不过幸之助的另一个目的——把工人和老板拴在一辆战车上，以避免劳资纠纷——确实是达到了。

企业管理的新课题

就在"命知创业第一年"的庆典开过不久，幸之助决定再建一处新厂房，地点选在大阪市郊的门真街。这个占地 1.65 万平方米的新厂于第二年竣工，总厂随即也迁了过去。这时松下电器的员工也急剧增加到 1800 人。这样一只庞大的员工队伍，给管理带来一系列新的课题。

在十几年前，松下电器刚刚草创之际，那时员工人数比较少，企业的规模也不大，作为老板，幸之助一个人就可以对企业的方方面面照顾得十分周到，而不至于发生什么疏漏；而现在，厂子大了，人数多了，要做的事情也不断增加，再让老板一个人什么都过问，什么都了解，什么都能及时做出决断，已经是完全不可能的事，幸之助并非超人，他实在无法管理那么多。

幸之助十分怀念十几年前的那个小厂。那时厂子的规模虽小，但却充满了活力，每个人都敢于负责，决定了的事，打个招呼就能干起来。幸之助想：现在事业发展了，摊子铺得大了，难道就不能保持当年的活力了吗？若不能做到这一点，企业迟早还得垮掉。

他想，何不将企业化整为零，把担子交给某个人，让他负起责任来，这样，他必然要学习有关方面的知识，并在经营管理的过程中积累丰富的经验，使大厂中的每一个小厂都能充满活力，那么大厂还怕不能稳固和发展吗？

幸之助把这种设想称之为"事业部制"。

他把井植岁男和他的三弟井植熏原找来。井植熏原比他的大哥晚入松下七年，经过几年的磨砺，现在也成了幸之助手下的一名得力干将了。

"知道我找你们做什么吗？"

两兄弟互相交换了一下眼色，没有做声。

"我是想把我的打算跟你们商量。"幸之助不急不缓地说道，"现在企业变得越来越大，我一个人是管不过来了，因此我想让你们每一个人都分一块，帮我把厂子管好。"

幸之助顿了顿，又接着说道："我把整个松下电器分为三块，第一块是'收音机部'，我想派岁男去当部长；第二块是'脚踏车灯及干电池部'，我想让熏原去当部长；至于第三块是'配电器及电热器部'，暂时由我代管，你们不想试一试自己的能力吗?"

井植两兄弟喜形于色,却没有马上表态。

幸之助笑道:"你们也不算小啦!我当年从电灯公司辞职的时候,还没有岁男现在大,现在的局面比我当年强得多,就看你们有没有勇气啦!"

两兄弟就不能不说话了:"行,我们试试。"

"不是试试,是必须把事情办好。"幸之助说,"实行事业部制,可以使企业吸收小企业的长处,特别是它的灵活性,每一个部长都是独立的负责者,由他独立负责本部门的生产和销售,而且在银行单独设立户头,自负盈亏。所以你们都要独立负起责任来。"

井植兄弟都还年轻,有机会独挡一面,自然是兴奋不已,跃跃欲试。他们都表示要负起责来,不负姐夫的重托。

"好!看你们的!"幸之助在他们的肩上重重地拍了几下,事情就这样定下来了。

后来的事实证明,井植兄弟在各自的岗位上都干得十分出色,并且成长为出色的企业家。若干年后他们另起炉灶,倒是幸之助始料不及的。

幸之助的"事业部制"是他的天才创造,后来为许多有成就的大公司所仿效,成为日本式的管理模式。

幸之助感到,仅仅采取"事业部制"还是不够的,还须把员工的步伐调动到一个节拍上来,一年一度的"命知庆典"毕竟间隔时间太长,必须使员工们时时刻刻牢记松下电器的使命,须臾不可忘记。经过一番思考,他决定把员工应遵守的纪律分列出来,张榜公布,使人人尽知,这些金科玉律共有五条，即：生产报国精神、光明正大精神、亲爱精诚精神、奋斗向上精神和遵守礼节精神。

幸之助把以上五条称为"五大信条"，又称"松下员工守则"，让每一个员工在早晨上班之前都要诵读一遍。这种活动被称作"朝会"（此外还有下班前的集会，称为"夕会"），一直坚持了几十年，雷打不动，日日如此。

幸之助发布的"五大信条"，实际上是在创建一种企业文化，他深知企业文化对员工具有强大的凝聚力，对生产有着巨大的推动作用。如果抛开当时的背景和具体内容，幸之助对企业文化的重视和追求，还是值得称道的。

又过了两年，即 1935 年，幸之助成立了构想已久的"松下电器股份有限公司"，其下属的各事业部遂改组为股份有限公司的子公司。至此，松下电器完成了向现代企业的过渡，成了日本举足轻重的支柱企业。

松下幸之助

一

步入误区

在那一场战争中，松下就没有一点
儿需要反省的地方吗？

勉为其难造兵舰

正当幸之助的事业如日中天的时候，第二次世界大战爆发了。

1936年至1937年，德、意、日三国结成法西斯同盟，他们自称是"改造世界的轴心"，第二次世界大战降临到全世界人民的头上。

战争势必对日本的经济产生巨大的影响。

一方面，战争给经济注射一支强心剂。在"二战"初期，松下电器获得了空前的发展。随着战火的蔓延，"松下"也跟在军队的后面走向海外，在爪哇，朝鲜的水登堡、汉城，中国的沈阳、北平、台湾等地都建有分支机构。

松下电器的财产急剧扩大，注册资本已达4000万日元。从业人员达2.5万人（包括动员来的学生和征用的工人）。此时的松下电器足以同老牌的资金雄厚的三菱重工和川崎造船比肩了。

另一方面，战争也无情地改造着经济。1938年4月，日本政府公布了《国民总动员法》。

法令下达后，凡关系到人民生活的日用品生产均受到限制，甚至连收音机、电熨斗都被算作"奢侈"品而被列入限制之列。而这一切都是松下电器的传统产品，它所蒙受的打击可想而知。

但是，来自政府的种种限制和来自军方的大批定单几乎是同时到达的。大规模的军事行动需要大量的军工产品，军需部门很自然地想到在工商界素有威名的松下电器。无论是谁，一旦被拖入战争的泥淖，就无法自拔，只能走到底了。

1941年12月7日，日本偷袭珍珠港。第二天，英、美向日本宣战，太平洋战争爆发。

太平洋战争初期，日本以偷袭赢得的战场主动权，随着美军加强了海上力量，以及先进的无线电破译技术，而逐渐丧失。日军舰艇不断被美军击沉。海军省告急，参谋本部召集紧急会议商讨对策。在这次会议上，决定加强军舰的制造，以充实海军力量。

1943年9月，海军省军需部次长西园寺驱车来到门真街松下公司的总部。

西园寺生得白净面皮，眉清目秀，如果不是那身军装，谁也想不到他已经是一名老资格的军官了。他钻进幸之助的办公室，关上房门，做了一次长时间的密谈。

西园寺的到来使整个松下总部大楼都弥漫着一种紧张的气氛，人们都本能地猜到，军方将对松下公司采取重大举措。只不过幸之助同西园寺的谈话内容外人不得而知。越是这样，人们就越是显得不安。

送走了西园寺，幸之助派人把井植岁男找来。岁男知道将有重大任务落在自己的肩上，一进屋便小心地问道：

"总经理找我有事？"

在办公室，他从来只叫总经理，而不叫姐夫。

幸之助坐在写字台后面，摆弄着一支铅笔，久久不发一言。岁男只好挺直身子等待着。室内空气仿佛凝固了。

过了好半天，幸之助才说："岁男，我又要给你压担子啦。这回不同以往，是要我们为帝国生产军用舰船……"

"什么？"岁男大吃一惊，松下公司是制造家用电器的，战争期间生产子弹外壳和刺刀，已属分外之事，现在居然要松下制造兵舰，岂不是天大的笑话。

"这就是刚才西园寺给咱们的任务吗？"他问。

幸之助停了一会儿，说道："还是造吧，战事需要。"

"不是有大阪造船厂吗？"

"船厂方面已经开足马力，还是不敷军用。"幸之助叹道，"不到万不得已，国家岂能出此下策？可见战局有些不妙了呀！"

"这么说，总经理已经答应啦？"

"是的，我没法拒绝。"幸之助说，"生为大和民族男儿，不能上阵一刀一枪地为国效力，仅仅是要求我们制造兵舰，再要推诿，实在没法说出口啊！"

"可是，"岁男却说，"我们从来没有制造过兵舰，技术上我们一无所知呀！"

"这不成问题，"幸之助说，"既然军方要我们造兵舰，他们就不会袖手旁观。西园寺说了，明天将由大阪造船厂调来两名工程师，协助咱们造船，所需木材也由军需部门负责提供。"

"总经理的意思是把这件事交给我去做？"

"除了你，我还能派谁呢？"幸之助坐在靠椅上摇晃着身子，好像不堪重负，"我记得，你在进松下之前，在轮

船上工作过？你总算和船打过交道嘛！"

"这是两回事呀！"岁男叫道，"我那时不过是个小小的学徒，连驾驶舱的门都进不去啊！"

"不会就学嘛！"幸之助说，"我当年是卖脚踏车的，不是也搞上电器了吗？西园寺原来是东京大学的商科学生，可他不是也当上军人了吗？西园寺有一句话说得好——战争教会了我们很多东西。"

"不，不，我不行。"岁男惶恐地说，"搞电器，让我做什么都行，可是造兵舰，我实在弄不来……"

"可是，连你都不敢挑这副担子，还让我派谁呢？"

"总经理，这项工作我们本来就不该接……"

"岁男！"幸之助一声断喝，巴掌重重地拍在桌子上，"你太叫我失望了！"

岁男立刻把身子挺得笔直。这些年，由于他和总经理的特殊关系，受到训斥的事也格外比别人多一些。

"你白跟我这么多年。"幸之助气咻咻地说，"我幸之助从来就没有不能做的事，可你一点儿也没学去！"

他来回踱着步子，怒气冲冲地责骂着："现在是什么时候？可以说，我们是受命于危难之际。为国捐躯尚且不惜，何况是造兵舰？没有你，我一样把兵舰造出来。你走吧，这件事我亲自去做！……"

"总经理，"岁男可怜巴巴地叫道，"是我不对，我照您的意思去办还不行吗？……"

幸之助又坐回靠椅上，运了半天气，终于说道："你想明白啦？"

岁男吞吞吐吐地说："这事虽然很难……可是有总经理指导……我想是不成问题的……"

"这就对了。"幸之助满意地点了点头，"你坐下，我们再具体地研究研究。"

幸之助告诉内弟：造兵舰虽然很难，但说到底同生产电器是一个道理，重要的是积累经验。"你要注意向大阪造船厂的工程师学习，先把自己变成内行。"幸之助说，"我们不做则已，既然做了，就要做好。将来战争结束，松下就要在造船业上站住脚。你懂吗？这既是一次挑战，也是一次机会。"

岁男说："我懂。"

幸之助又告诫岁男：虽然是"门外汉"造船，但要吸取松下生产电器的成功经验，按福特"装配线作业方式"来造船，而不是按传统的造船作业方式来造船，"松下要走自己的路。"幸之助强调说，"唯有这样，才能尽快地把造船公司纳入到松下的体系中来，将来才会有一个松下风格造船企业。"

岁男说："明白。"

于是，经过一个月的筹备，投资 1000 万元，成立了"松下造船公司"，井植岁男走马上任，当了总经理。

岁男购来机械设备，建成厂房、船坞，招募工人 500名。然后，他周密部署，将造船工程分为八个工段，分工明确又连续作业，体现了松下的"装配线作业方式"。

幸之助除了最初几天是在船厂度过的，此后就回到门真街公司总部，每日通过电话听取岁男的汇报，指导生产。

就这样，姐夫和内弟苦干了将近半年，在 1943 年 12 月 18 日，松下造船公司生产的第一艘 250 吨级的军用拖曳船造成，并举行了隆重的下水仪式。大阪广播电台派来了实况转播车。幸之助和海军省的官员们也都到场了。在庄严的军乐声中，系木船的缆绳被斩断，木船沿轨道缓缓地滑入水中。人们热烈鼓掌，祝贺松下公司试制舰船成功。

海军省来的官员，幸之助一个也不认识。他问身边的一位军官："请问阁下，西园寺次长怎么没有来？"被问的人脸色顿时黯淡下来，说道："西园君是在四个月前调往菲律宾前线的，他在上个月阵亡了。"幸之助鼻子一酸，不再说什么。待舰船下水仪式结束，他就悄悄地乘上他的那辆"思替贝克"轿车，无声无息地回去了。

当天晚上，岁男到家里去看望姐夫，并请示船厂下一步的工作，只见幸之助还沉浸在悲哀之中。

"西园君虽与我只有一面之交，可是他的死还是令我悲痛。"幸之助对内弟说，"他一介书生，文质彬彬，可是国家有事，他投笔从戎，义无反顾……"

又说："西园君原是东京大学商科学生，假如他从商，也许我们会成为朋友。尽管他做了军人，可我总觉得我和他的心是相通的……"

再闯难关造飞机

有了第一条船成功下水的经验，松下公司的造船速度加快了，其后每隔六天即有一条木船滑向水道，交付海军

省军需部验收。

就在这时，一辆海军省的车子驶到门真街松下公司总部门前，从车上跳下一个五短身材的人。这就是接替西园寺职务的新任海军省军需部次长乃木贤二。

此人一身戎装，腰挂短剑，粗眉上挑，鼻下一撮仁丹胡，走起路来踏得地板山响。他钻进幸之助的办公室，关上房门，照例又是一番长谈。可是人们却从门缝里听得见军人式的怒吼，好像是幸之助在挨训。人们不知总经理什么地方惹得军方这般恼火，不禁为他捏一把冷汗。

后来，乃木贤二又踏着军人的步伐离去了，幸之助没有送他。人们拥进房门，想要打听个究竟。只见幸之助脸色铁青，对大家摆了摆手，离开办公室，坐上他的"思替贝克"轿车回家去了，给他的部属们留下无穷尽的猜测。

回到家，井植梅之一眼就看出丈夫的脸色不好，赶忙走来询问："怎么啦？哪儿不舒服？"

直到这时，幸之助才把一肚子的火气发泄出来："这个乃木贤二，太欺负人了！"

幸之助自从告别大阪市电灯公司，已经好多年没有人敢在他面前高声说话了，敢于训斥他的人就更没有了。可是这位乃木贤二居然像训一个士兵那样对松下公司的总经理恶语相加，难怪幸之助受不了。

"可是，这倒底是为什么呀？"梅之感到很难理解，"他们要你造兵舰，你已经给他们造出来了，他们还有什么不满意的呀？"

"你不知道，"幸之助叹惜道，"现在海军省不光缺军舰，而且还缺飞机……"

"他们想让你造飞机？"梅之虽然对生产上的事所知甚少，却也被这个消息吓了一跳，"你答应他了吗？"

"我怎么会答应呢？"幸之助早有成竹在胸，"乃木贤二算个什么东西！我要和大西将军去谈。"

大西将军是海军省驻大阪监督署署长，幸之助给他挂了电话。

"将军阁下，"幸之助几乎哀求地说，"造飞机不比造船，事关飞行员的性命啊！"

"松下先生，为了国家，想请你再辛苦一次。"大西海军中将的语气平易多了，"关于贵公司造船的成绩，我们已经接到报告，据说装配线的作业方式发挥了很了不起的效率。现在感到飞机不够用，所以希望运用你的创意，以造船的要领制造飞机。"

"可是我没有制造飞机的经验，技术上一窍不通，这要我怎么做呢？"

"引擎部分由三菱制作，这方面你不用担心，你要制作的只是机身部分。"

"飞机机身不比木船船体，技术要求复杂得多呀！"

"技术方面海军会做指导。今后与你联系的是军需部的乃木贤二次长，他会给你帮助的。"

又是这个乃木贤二！幸之助忍不住喊起来："将军阁下，我有一个小小的请求，能否给我换一个联络官？"

"怎么？这个乃木贤二有什么不妥当的行为吗？"

"那倒没有。不过这人好像不大容易合作……"

"是不是他的态度过于粗暴？"

原来将军全都明白。幸之助忙说："其实我理解他的，军人嘛。不过……"

大西将军打断他的话，忽然问道："你知道这个乃木贤二是什么人吗？"

"军需部的次长啊！"

"我是问，你知道他是谁的儿子吗？"

"谁的儿子？这我怎么会知道！"

"那么，你知道乃木希典吗？"

幸之助不禁倒吸一口气。在日本，提起乃木希典可就尽人皆知了。他和东乡平八郎曾在中国的满洲同沙皇俄国决战，大获全胜。从此他俩就被誉为"战争双雄"，在日本是被视做民族英雄的。

"确切地说，乃木贤二是乃木希典的干儿子呀！"大西将军强调地说道，"他是日本忠实的军人，是乃木将军一手调教出来的。有什么理由撤换他呢？"

接着，大西将军简要地介绍了乃木贤二的身世——在日俄战争中，这位贤二曾在沙场上以身体掩护了乃木希典将军，至今他的后背上还有那次战斗留下的伤疤。乃木希典看出这个青年人有无限的前途，便认他做义子，改姓乃木。从此他就常挨乃木将军的嘴巴和叱骂，而贤二在挨了嘴巴之后反倒站得更直，口中"哈依！哈依！"叫个不停。

"这个贤二，今天还算对我手下留情，"幸之助暗想，"他还只是对我喊一喊，毕竟没有打我的嘴巴啊！"

"松下君就不要再计较他的态度了吧。"大西将军婉言相劝，"大家都是为了日本的胜利，拜托了！"

毫无办法。幸之助默默地撂下电话。

一直坐在旁边的梅之投过来询问的目光。

"既然是国家需要，我们只好再去制造飞机啦！"幸之助对妻子解释道，"好在并不是给乃木贤二造飞机。"

不久，海军省派出的飞机制造方面的技术人员、工程师和机械师就已进驻了门真街松下公司总部。

幸之助也调整了心态，准备大干一场了。他把中尾哲二郎找来，拍着他的肩膀对他说："中尾君，制造飞机的事只有交给你去做了。"

"可我对飞机一窍不通啊！"中尾像是吃了一颗苦杏子，五官全都缩成了一团。

"当初，你对收音机也是一窍不通，后来不也把收音机弄出来了吗？只要肯学，这就够了。"

"我不明白，为什么要我们搞电器的造飞机呢？"

"前线吃紧哪！"幸之助忧心忡忡地说，"天下兴亡，匹夫有责。日本一旦战败，你以为我们还能安安稳稳地制造电器吗？中尾君，这种事除了松下公司没有别人能做；而在松下公司，除了你，我也再找不到别人了。"

中尾受到鼓舞："好吧，我试一试。"

"不是试一试，而是一定要办成！"幸之助说。

1944 年 10 月，松下公司投资 3000 万元，在大阪东郊买下了 30 万平方米的土地，添置设备，成立了"松下航空工业公司"，中尾哲二郎出任总经理。松下公司所要负责的是飞机机身及一应配件、仪表和总装。

机身的原材料主要是坚铝，这在战时日本国内根本搞不到。由于美军掌握了日本海的制空权，封锁了日本的海上贸易通道，国外进口也绝无可能。与乃木贤二交涉解决办法，贤二的答复是："无米也要料理"（即"没米也要做饭"）。日本物资的匮乏，军方也无计可施。

由于海军省只发命令，而不顾及客观条件和提供必要的支持，幸之助只好召开公司高级职员会议，讨论制造飞机的原材料问题。中尾哲二郎小心翼翼地提出是否可以用木材代替铝材？全场哑然，面面相觑：以外行人制造飞机已属冒险，还要用木材代替铝材？人命关天哪！还是幸之助一锤定音："就用木板，别无它法！时局不容我们做长时间的考虑。不过，我公司有胶合材料制造厂，可以用人造胶木做衬层，如果强度达到标准，立即开工制造！"

此方案送到海军省，很快获得通过。其实，海军省自有他们的打算。从去年开始，海军建立了"神风突击队"，让只有数小时飞行经验的青年飞行员驾驶着满载炸药的飞机冲向美军军舰，被称之为"肉弹"。这种"新战术"对飞行员素质和飞机的质材要求并不高。

幸之助总算松下一口气，剩下的工作便全交给中尾去做，他自己则回到门真街的公司总部。

1945年春，中尾哲二郎打来电话，报告说第一架飞机已装配完毕，现在停机跑道，问是否试飞。听他那语气好像并不怎样兴奋，似乎对这只初生儿并无多大把握。

下午，风和日丽，幸之助和海军省、军需省的官员们来厂观看试飞。来人中缺少了乃木贤二，他日前已被派往中途岛，据说他临行前兴奋不已，大有男儿理当血染沙场，不建功勋誓不还乡之感慨。

海军省派来的试飞员坐进了驾驶仓，周围鸦雀无声，似乎空气都凝住了。飞机马达发出轻轻的轰鸣声，木制的机身在抖动。中尾的脸白得像一张纸。螺旋桨转动了，越转越快，飞机滑出跑道，但却摇摇晃晃。地面上的人全都屏住了呼吸。飞机开始爬高。幸之助接过身边军人递过来的一架望远镜，追踪着蓝天上的那只小黑点。

尽管飞机的性能不大稳定，但军方人士还是认为试飞成功。地面上一片掌声和欢呼声，幸之助也松了一口气。

在劫难逃

1945 年，日军倾其全力在硫磺岛和冲绳两地与美军决战。美军凭借雄厚的物资，良好的后勤支援，攻击军需补给日趋匮乏的日军。日军伤亡惨重，节节败退，已成强弩之末。硫磺岛、冲绳很快陷落，日本本土和南洋的联络几乎完全被切断，日本周边地带的制空权完全落在美国空军手里。从塞班岛起飞的美 B－29 轰炸机连续空袭，使日本列岛被笼罩在轰炸的声浪和烟尘之中。

日本的经济遭受到了沉重的打击，石油、煤炭储备渐趋枯竭，工业原料、资财严重短缺，军工企业开工不足，食品供应也时有中断。失败的阴影越来越逼近日本本土了。

1945 年 8 月 6 日和 9 日，美空军先后向广岛、长崎各投下一颗原子弹，加速了战局的变化。与此同时，中国军队转入战略反攻，苏联宣布对日作战，红军挺进中国东北。日本法西斯的失败已成定局。

1945 年 8 月 14 日，昭和天皇召见铃木首相及内阁成员，会议进行了十四个小时。第二天中午 12 点，裕仁天皇通过广播电台向日本及海外的日本军民宣读了投降诏书，宣布接受中、美、英、苏四国的《波茨坦宣言》，无条件投降。至此，第二次世界大战结束。

这天晚上，幸之助辗转反侧，无法入睡。对于战争失败，他似乎早有预感，然而这一天终于到来的时候，他还是感到震惊和悲伤。

黑暗中，他听到妻子问候的声音："还没睡？"

"没。"幸之助说，"你呢？"

"我也一样。国家吃了败仗，谁还睡得着啊！"

他俩坐起来，老两口紧紧地抱在一起。这是近年来很少有的事。战败之际，他们觉得自己像被遗弃的孤儿。

"阿吉，"梅之唤着丈夫的小名，"你说，日本怎么就会战败呢？我总觉得像做梦一样……"

"连你也在想这个问题啦？"幸之助抚摸着妻子的鬓发，说道，"我们的敌人太强大了……"

"日本今后会怎样？永无出头之日了吗？……"

"不会，不会，大日本不会一蹶不振的……"

"那么我们该做些什么呢？松下公司该做些什么？……"

"我也正想这事。除了马上生产，还能做什么？……"

这一夜，幸之助通宵未眠，思绪像一团乱麻无法理清。

天刚放亮，他用冷水匆匆擦了一把脸，驱车赶到门真街的公司总部大楼。

"通知开会。"他吩咐秘书。

不一会儿，公司的主要干部们都赶来了。大家都忧心忡忡，六神无主。幸之助觉得身为主帅，自己不能乱了方寸。

"昨天的广播，大家全都听见了吧？"幸之助说。

话刚说完，台下已经有了啜泣声。情绪迅速传染，顷刻哭倒一大片，幸之助眼圈不禁也红了。

总得留出时间让大家宣泄。

好半天，幸之助才说："好啦，眼泪救不了日本。未来怎样，谁也说不清，不过有一点是肯定的，那就是日本肯定要走上复兴再建之路。我们现在能够做的，就只有马上从军工生产，转变为民用生产。"

散会后，井植岁男和中尾哲二郎留了下来："总经理，我们那边怎么办？"

"还用说吗？"幸之助说，"造船公司和飞机公司必须关门，厂房和设备立即封存，把有用的原材料运回来，民用生产总还用得着……"

就这样，两家从事军工生产的公司，在向战场输送了五十艘舰船和三架飞机之后，终于关门大吉了。

海军省派来的技术人员，在撤离之前，特意赶到门真街松下公司总部，向幸之助道别。宾主入座，相对无言。许久，海军部的人找到话题：

"总经理阁下，您知道乃木贤二郎吗？已得到消息，

他在天皇宣读诏书的第二天，剖腹自杀了……"

　　幸之助愣住了。他并不喜欢那位盛气凌人的乃木，但此刻听到他的死讯，还是忍不住黯然神伤。

　　送走海军部的人，幸之助感到，一个时代过去了。一些人为日本的过去而死，另一些则要为日本的未来而活。

　　幸之助的军工生产转民用生产的计划一开始进行得很顺利。一来是许多大公司、大厂家面对剧变，一时手足无措，而松下公司却独具慧眼，捷足先登；二来是战后的日本市场，商品普遍缺乏，松下公司抢先供应，自然受到大众的欢迎。这也得说是幸之助的过人之处。

　　可是好景不长，日本作为亚洲战争的策源地，把深重灾难带给亚洲人民，战后总是要付出代价的；而作为战争帮凶的幸之助，也不可能轻易逃过这一关。

　　9 月底，麦克阿瑟将军率美军进驻日本，并立即发表讲话，强调要安定社会秩序，恢复正常生活；要盘点军用物资，禁止把军需品原材料转产民用工业品。

　　不久，一辆吉普车开进了门真街松下公司总部，车上跳下一位瘦高的美国人。这位美国上校的大檐军帽下露出亚麻色的卷发，淡蓝色的眼睛闪耀着愉快而又狡黠的光芒。他迈动两条长腿，一步跨两个台阶上二楼。两名端着卡宾枪的大兵把守住总部的楼门口。

　　"我是威廉姆斯上校。"来人行了一个很帅的军礼，又同幸之助握了握手，"奉命清查贵公司，请予合作。"

　　幸之助明白：灾难开始了。

　　威廉姆斯上校，战前就读于麻省理工学院，1931 年应征入伍，后毕业于西点军校。这是一个爱动脑筋、兴趣广泛的人。这次随密苏里战列舰到远东，他感到一种说不出的兴奋，决心好好了解了解黄皮肤黑头发的东方人。

威廉姆斯带领清查小组进入松下公司后的第一件事，就是不折不扣地执行上级的命令：封存所有物资，冻结资金，已开动的机器停下来，已生产出的制品也不准出厂。

工厂停产，就意味着企业停止了生命。这是幸之助感到无法忍受的。他马上找到威廉姆斯，对他说：

"威廉姆斯先生，我要向你提出严正的抗议。工厂停产就不会有收入，几千名工人就会领不到工资。这样下去我们不会维持太久，工厂就只好关门，工人就得失业。这同贵军宣布的'安定社会秩序，恢复正常生活'是相抵牾的。我要求立即恢复正常生产。"

"噢，不会占用太多时间的。"威廉姆斯笑道，"很快就会让你们恢复生产，我无意把你的厂子搞垮。"

威廉姆斯工作起来很讲效率，对所存的物资，认定不属军用的，清查一项，解除一项。不几日，松下公司恢复了收音机的生产。一个月内，其它产品也陆续得以恢复。

幸之助松了一口气。原先威廉姆斯刚一进门时，他是吓了一跳的，谁知过关竟是这样容易！

但是，他高兴得太早了，更大的灾难还在后面。美军通过对日本全国参与军工生产的大、中型企业的调查，最后提出一份"限制公司"名单，松下电器公司榜上有名。而且，幸之助与三菱、三井、住友等14家企业总裁被列为"财阀家族"，其所属企业被指定为战争"赔偿工厂"。

所谓"限制"，包括冻结资产，举凡资金的借入，动产和不动产的卖出，以及更新设备等等，都须事前获得批准。

"怎么能把我和三菱、三井放在一起呢？"幸之助很不服气，对送达决定的威廉姆斯表示抗议。

"您有申诉的权利。"威廉姆斯平静地说，"但是您首先应当辞职。其它财阀公司的总裁，按规定也得辞职。"

"不，我不辞职。"幸之助固执地说，"既然我认为裁决不公正，我就没有必要辞职。别人辞职是别人的事，我和他们的情况并不一样。"

威廉姆斯苦笑着耸了耸肩膀。

又过了大半年，美军又发出"驱逐令"。这回可不那么客气了，"驱逐"就是强行解除职务。"驱逐令"又分A、B两级。A级是无条件驱逐，B级是审查后驱逐。松下公司和三菱、三井、住友等日本大公司又同样被列为A级。事到这一步，幸之助就只好辞职了。

与此同时，幸之助的个人财产也被冻结，包括那辆"思替贝克"轿车，生活费被限制在公务员水平上，甚至为保姆开薪都要提出报告。

幸之助的生活一下子陷入了窘境。

幸之助是穷苦人出身，苦日子并非不能过，但他总觉得对不起自己的妻子。他对井植梅之说："真是对不起，让你跟着我受苦了。"

"别说那话。"梅之回答道，"我原也是穷人家的女孩子，没有吃不了的苦。我跟你过了这么多年的好日子，现在的苦日子就不能过了吗?"

梅之接着又说:"我们节省一些，日子总还能过。实在过不下去，还可以找幸子去借。我们不要孩子们的钱，借给我们还是可以的吧?"

女儿幸子当时已结婚，丈夫平田正治婚后改名为松下正治。小两口婚后生活过得满惬意。

"我已经是'财阀'了。"幸之助苦笑道，"有谁知道'财阀'也得去借钱哪!"

"阿吉，别难过。"梅之又叫起丈夫的小名来，"想开一些，就当我们一直是穷人，就算我们什么也没有过，既然我们什么也没有，那我们就什么也没有丢掉!"

"我倒是能想得开，"幸之助说，"不过，事情不能就这样拉倒，我还是要申诉的。"

井植岁男辞职

A级驱逐令发布之后，松下电器公司一时间走掉了包括高级职员在内1.15万人。对其中有些难得的人才，幸之助是惋惜的，可是自身已经难保，又有什么资格强留他人跟自己受这洋罪呢?

可是，最令他想不到的一个人，居然也提出了辞呈，这人就是井植岁男!

辞呈递到幸之助手中时，幸之助一时竟愣住了。姐夫和小舅子就那么对峙着，久久没有一句话。

幸之助探询地望着岁男的眼睛，希望能在那里找到一点儿什么。可是岁男是平静的，既不咄咄逼人，也不游移躲闪。看得出来，他是经过深思熟虑才迈出这一步的。

　　"你跟你的姐姐商量过吗？"话一说出来，幸之助就后悔了，干嘛要把夫人搬出来呢。

　　"总经理，我已经不是小孩子了，对不起。"岁男恭恭敬敬地深施一礼。这话是幸之助早就料到的。

　　"是啊，是啊，你已经不是小孩子啦！"幸之助长叹道，"翅膀硬啦，要飞啦……"

　　"总经理是不是不同意我走？"

　　"让我好好想想，行不行？今天先不答复你。"

　　"行，我等着。"岁男又施一礼，退出门去。

　　当天晚上回到家，幸之助把岁男的辞呈扔在井植梅之面前："瞧瞧吧，你弟弟要飞啦！"

　　梅之翻了翻那份辞呈，大吃一惊："这个岁男，他怎么也来凑热闹？"

　　幸之助说："你事先就一点儿也不知道？"

　　梅之说："他一个大活人，我怎么会知道呢？"

　　于是，幸之助便把一肚子恼火倾泻在梅之头上："瞧你这大姐当的，弟弟要走，你居然会不知道！"

　　梅之就像所有日本贤淑主妇那样，马上过来陪不是："是呀是呀，我也是马虎了。明天我找岁男来，好好说说他，不能由着他的性子胡来……"

　　"你找他干什么？"幸之助不悦地说，"动不动就把夫人搬出来，我幸之助是那种人吗？"

幸之助把自己关进房门，他要好好想一想，究竟该怎样答复岁男？

说实在话，他舍不得岁男。

岁男是他看着长大的，如同自己的亲弟弟。

现在许多人都要走，他万没想到岁男也想离他而去。

他心里有怨气：当此困境，本应同舟共济的呀！

可是，岁男毕竟长大了，留人难留心啊！

应该说，岁男是松下公司的有功之臣，公司离不开他。

也许，岁男自己去闯天下，会干得更好。

他觉得，不该太自私，不能让岁男永远为松下做牺牲。

吃晚饭时，幸之助对妻子说："我已经决定了，既然岁男要走，我也就不留他啦！"

"可不能那样呀！"梅之有些着急了，"你是不是生岁男的气啦？他不懂事，你全看在我的面子上……"

这话弄得幸之助又好气又好笑："啊呀，你就不要往这里搀和啦！我现在是被放逐之人，自身难保，何必让岁男跟我遭这份洋罪？"

顿了顿，他又说："还记得那年咱们到京都去看樱花吗？人生跟花一样，花开花落是很短暂的事。岁男年过不惑，我不能再留他了。"

"那怎么行！"梅之焦灼地说，"你这当姐夫的是不是太不负责任了？你把他扔出去，让他怎么活？"

"你太小瞧岁男了。"幸之助说，"岁男本是帅才，留在我这里倒是委屈他了！"

梅之到底是女人，忍不住落下泪来："你就那么放心他？是不是打算看他的笑话呀？……"

"你想哪儿去啦！"幸之助把早已盘算好的计划说出来，"对岁男，我是要负责到底的。松下公司永远是他的家，出去后如有什么困难，我不会不管；万一干不下去，他还可以再回来。对了，按公司规定，他还可以领到一笔离职金。还有，我要向董事会提出建议，离职后一年内照发工资。梅之，这你总能放心了吧？"

梅之这才破涕为笑："就照你说的这么办吧。"

幸之助把岁男找到家，做了一次长谈。

当岁男听完了姐夫的决定，感动得热泪盈眶。

"总经理……姐夫……"岁男哽咽了。多少年了，他一直管幸之助叫"总经理"，"姐夫"这一称呼反倒生疏了。此时此刻，二十几年的感情一齐涌上心头，许多事先想好的话反而说不出来了。

幸之助看出他还有别的事情："有话就讲嘛！"

岁男狠了狠心，长久酝酿于心的想法，不吐不快，他抬起头，勇敢地说道："总经理，我想带走一个人……"

"谁？"幸之助有些紧张了。

"后藤清一。"

后藤清一是松下公司的一名得力干将，时任配电器厂的厂长，是幸之助一手培养起来的人才。

好厉害的井植岁男！幸之助想，不提办厂资金，却提出要人，这完全是我办厂的一套嘛，竟被他学去了！

现在松下公司人才流失过多，幸之助虽退居幕后，却仍在设法为公司保留几个有用之人，以为将来东山再起做准备。现在岁男竟来挖人，就好像在姐夫心头挖了一刀。

"姐夫若是舍不得，就算我没说。"岁男又添了一句。

"不。"幸之助想，好人索性做到底，"事业初创，没有技术力量是不行的，你把后藤带走吧！"

"姐夫……"岁男这回已是泪流满面了。

第二天，幸之助把后藤清一找来，对他说："井植岁男希望你能帮他筹建新的公司，你就去吧。不过，万一新的公司运作不顺利，无论什么时候，都欢迎你再回来。"

岁男还有两个弟弟也在松下公司供职。他们是二弟井植佑郎和三弟井植薰原。他们都是步大哥岁男的后尘，陆续离开家乡投奔姐夫幸之助的。当岁男辞职之后，这两位弟弟又像当年来时那样，又陆续离开了松下公司。

现在，井植家的人，只有梅之还留在幸之助身边了。

后来，三兄弟联手创业，成立了"三洋电机股份有限公司"。作为姐夫，幸之助把位于三兄弟家乡兵库县的一家工厂无偿地划归"三洋"，并允许其使用松下的注册商标。在幸之助的扶植下，"三洋"后来居上，迅速成长为日本又一著名的电器制造企业。

侥幸的结局

自从幸之助被列为"财阀家族"和"A级驱逐对象"以后，他就走上一条漫长的申诉之路。

他组织了一个秘书小组，写出了一份洋洋五千页的申述材料。

文章虽很长，但观点就是一个，即同三菱、三井、住友等大公司攀比，松下够不上"财阀家族"的资格，请求取消"A级驱逐令"。主要理由有四点：

（一）从历史来看，松下公司与三菱、三井、住友等大公司是不同的。后者经营达三四代，而前者是辛苦创业，白手起家，不过二十多年。

（二）两者的固定资产不可同日而语。松下的三十多家子公司的资产加在一起，还不如三菱一家子公司的多。

（三）松下公司的从业人员应按实际人数统计，战争期间由军方调拨的学生不能算是松下的正式员工。

（四）松下原本只是一家生产家用电器的公司，并非传统的军工企业，只是战时应军方要求才转而生产军需品，并为此而举债，因此松下也是战争的被害人。

这份材料被译成英文后，幸之助把它交到威廉姆斯上校手中，请求取消A级驱逐令。威廉姆斯摊开双手，抱歉地说："实在对不起，松下先生。您所提出的取消'A令'的请求，不是我所能决定的。您最好到东京驻日美军总司令部去，也许在那里还会有一点儿希望。"

"谢谢您，上校先生。"幸之助说，"我会去的。"

于是，幸之助带上松下公司的常务董事高桥荒太郎和一名翻译，提着两大箱文件，前赴东京。

他们坐的是下等车厢。在劣等烟草味和汗臭味中，望着车窗外乡野景色，幸之助对同行的伙伴们说道：

"想当年我从乡下出来，闯荡大半生，一步一步才走到今天。现在回头看看，千难万险不是都闯过来了吗？"在机车的轰鸣声中，他若有所思地继续讲道："现在我们又走上一条更加艰难的路，我料定这条路不会很好走的。可是我们除了申诉，没有它路可走。假如申诉是死，不申诉也是死，为什么不申诉到底？"

因为认定"除了申诉，没有它路可走"，在以后的日子里，他们在大阪至东京的铁路上往返跑了一百多次，其中高桥荒太郎单独跑了五十多次。但始终没有结果。

这中间，松下公司的经营每况愈下，幸之助虽然抱定"荣辱不惊，泰然处之"的决心，但精神压力毕竟很大。有一次他在梦魇中被妻子唤醒，他难过地对梅之说："松下完了，也许从此再也没出头之日，申诉也不会有任何结果，我简直是在虚度光阴……"

梅之安慰道："那我们就做个小百姓吧，柴米油盐还不至于短缺，日子还总能过得下去……"

"不，那样的日子我过不来。"幸之助说，"既然不让我管理企业，我就要另找点儿事情做。"

他决定去搞研究，把自己大半辈子对人生的思索、对社会的梦想、对企业经营的心得，上升为理论。

他把这种研究定名为 PHP 研究。

这个名称挺古怪，一般人很难说清 PHP 为何物。

其实说穿了也很简单，它是英文 Peace and Happiness through Prosrenity 的缩写，意思是"以繁荣带来和平与幸福"。幸之助是想为自己的后半生开辟一条道路。

他创办了一个 PHP 研究所，出一本《PHP》杂志。这对于一个失意的大企业老板来说，为一家小小的研究所筹措点儿经费还不是难事。

《PHP》杂志的创刊号一本也没卖出去。战后日本的经济不景气，人们被生活压得喘不过气来，无暇关注理论研究，没人感兴趣。人们对"PHP"也不理解。

有人劝幸之助说："把刊物名称改作《繁荣》，读者就容易理解啦！"幸之助不以为然："不，就叫《PHP》。现在他们不理解，慢慢总会理解的。"

不久发生了两件事，又给幸之助和他的松下公司带来了希望。

一件是，松下公司的电器工会在认真研究了幸之助的申诉理由之后，又回顾了松下公司几十年中的劳资关系，结合工人自身的利益考虑，觉得幸之助在职更有利于公司的恢复、发展和工人生活的改善。于是，以朝日见端为理事长的电器工会发起了"保松下社长签名运动"，全公司1.5 万名工会会员全部签了名。反对驱逐社长的请愿书由工会派代表递交美军司令部和日本政府。请愿代表还在东京开展十多天的活动。这种事情在当时是绝无仅有的，在舆论界引起不小的波澜。

另一件是，美国占领军派了一个经济专家小组到松下的工厂展开调查。在调查中，专家们对松下公司的经营管理非常欣赏。这次调查的目的与战后初期打击军工生产完全不同，而是要重建已遭破坏的日本民营工业。

美国专家对幸之助说："你的经营观念相当卓越，我们对你目前的处境深表同情。"

幸之助马上说："既然同情，请解除对我公司的种种限制和对我本人的驱逐。"

专家为难地说："可是这不属于我们的权限，我们只负责调查和评估企业的经营状况。不过，我们可以向美军司令部提出解除制裁的建议。"

幸之助表示感谢。

事情终于有了转机。就在美国专家离开的一个星期以后，对幸之助的 A 级驱逐降为 B 级。这里面有着性质上的不同。前者是无条件驱逐，而后者则可以讨论。

又过了四个月，驱逐令终于最后解除。

到了 1949 年底，美军司令部最终将幸之助的那顶"财阀"帽子给摘掉了。

至此，幸之助终于躲过了作为战争帮凶的惩罚。

也许幸之助并不十分清楚他能绝处逢生的原因何在。其实，使他摆脱困境的真正原因，不在于工会请愿，也不在于美国经济专家的同情，更不在于他自己的一百多次申诉，而是因为美国政府出于全球战略利益的考虑，最终导致了对日政策的变化。

应该说，美国在二次大战之后的一段时间里，在铲除战争根源和消除法西斯残余势力上确实做了许多努力。

　　但是，由于国际形势的变化，美国政府出于"冷战"上的考虑，决定把日本建成为"不沉的航空母舰"。就是在这样的大背景下，幸之助逃过了他个人的一场灾难。

走向辉煌

复出后的幸之助，在经营上的造诣
更臻出神入化，创造了他晚年的最后
辉煌。

机会来自海那边

当幸之助重新回到松下电器公司的最高决策岗位的时候，公司已经跌到了破产的边缘：融通资金全部用光，经营几乎陷于瘫痪，员工的工资不能按时发放，欠缴税款居全日本第一位，员工人数已不足两千人。

就在全公司一筹莫展之际，发生了一件震惊世界的大事：1950 年 9 月，以美军为首的十五个国家组成的联合国军涌入朝鲜半岛，朝鲜战争爆发了。

日本与朝鲜一水之隔，自然成了美军的后方基地和军需补给"仓库"。短时间内美国向日本大量订购军需品和日用品，这如同一剂强心针，使奄奄一息的日本经济焕发了生机，并迅速出现了繁荣景象。当时日本全国库存积压产品总值达 1000 ～ 1500 亿日元，此时全部销售一空。

松下公司也是如此，不仅库存得以脱手，而且公司运营有了显著改善。战前，公司的月销额只有几千万元，而现在却接到美军千亿元的订单。订货品种从干电池到通讯器材应有尽有，其中不乏四年前受到限制的军需制品。

"此一时彼一时也！"他在心中暗暗感叹。

幸之助毕竟是聪明的。他虽然不是政治家，但曾经被卷入政治旋涡之中，而且在企业管理中也无师自通地运用过政治手段——"步一会"不就很有政治味道吗？所以他把眼下的事仔细一琢磨，也就想明白了。

四年前受到制裁，不过是大水冲了龙王庙，其实真正的朋友还是美国人。他庆幸日本是被美国而不是被苏联占领，庆幸美国在朝鲜发动了新的战争。

"天赐良机，适得其时！"幸之助决心大干一场了。

他在公司的一次高级职员会议上，踌躇满志地说道："蒙各位先生关心公司的前途。第二次世界大战停战至今，大家心怀忧虑，隐忍负重，我个人深表感激。现在时机已经来临，从此不再受任何限制，我们可以自由活动，去做想要做的事。过去的事，就让它成为过去罢！今后我们要积极工作，专心从事公司业务之开展。"

朝鲜战争使松下电器起死回生，二战后公司积累的赤字很快弥平，欠下的巨额债务得以偿清，盈余迅速增长，企业利润稳定上升。，

松下公司的老职工都发现，重新获得生机的松下并不是简单地恢复到当年鼎盛时的状态，而是在细微之处有了许多变化。这些变化也许一时说不清，但最明显的变化则是幸之助本人，这是有目共睹的。

人们都看到，复出之后的幸之助现在改变了做人的态度。在与人谈话时，他总是满口谦虚，总是自己责备自己；与员工晤谈时，常表白自己的弱点和错误。与数年前的那个志得意满的幸之助相比，简直是判若两人。

原来，这是幸之助自我反省的结果。

对松下公司在二战期间所走过的弯路，他说他当时有一半是为国家捐躯也在所不惜，何况只是造飞机呢；而另一半，却是出自"舍我其谁"的骄傲心理。他说："人生的失败，往往起因于那种炫耀自己的心态。"

把做战争帮凶的原因归结于骄傲，这是很说不过去的，但他又确确实实把骄傲当作自己的缺点改正着。

幸之助在一次讲话中说："我们的公司是在33年前创办的，这算是第一期；由1951年算起是第二期之开幕。当公司设立，开展业务的时候，一切事情都以谦虚的态度向人家学习。现在要重建我们的事业，等于重新开业，我衷心盼望的是，恢复当年开办小作坊时的热情及对人对事的谦虚态度。一个人常常具有谦虚的心情，才能够吸收新知识，然后自然会有进步。"

美国之行

因为决心要吸收新知识，幸之助决定走出国门。

1951年1月，当朝鲜战场上战事正酣之际，幸之助启程赴美国参观考察。

对美国的经营管理，幸之助早就心驰神往，现在他总算是能够亲自到美国去看一看了。

他到了纽约。海边巍峨耸立的自由女神像将自由火炬高高举过头顶，既是这座城市的象征，又是昭示美国人的信念。华尔街和曼哈顿车水马龙，摩天大厦遮天蔽日。这一切，都让日本大阪来的幸之助看得心跳。

在底特律，他参观了心仪已久的福特汽车城的"装配线作业法"，还花费精力考察了美国的工资制度。但收益最大的还是，他看到了美国人对产品设计的重视。

幸之助是搞电器的，自然对美国同行格外注意。美国

SHIJIEMINGRENZHUANJICONGSHU 松下幸之助

的电器用品价格往往非常昂贵，然而拆开来看，里面的机件并无特殊之处，使用寿命也不一定很长；但是其外形设计确实华丽，甚至颜色的搭配也有讲究，为使用者考虑得也很周到，使用起来方便、简捷。

"货卖一张皮，人家挣的就是设计的钱。"幸之助深有领悟，"在日本，人们还没有认识到设计的价值，但我一定要先在松下搞起来。"

这成了幸之助美国之行的最大收获。

幸之助在美国考察三个月，于4月初回到日本。回国后，他立即动手把在美国学到的注重产品设计的思想运用到松下公司中去。

他对下属们说："我要创办一个'产品设计部'。"

有人问："什么叫'产品设计'呀？我们从来没有听说过呀！日本的企业从来没有这么一个部啊！"

幸之助详细地给下属们介绍了他在美国的所见所闻，并说："你们到各大学去看一看，瞧瞧有没有学产品设计的大学生，如果有，给我找几个来。"

派出去的人很快就回来了。他们在日本转了一大圈，在所有的工科大学都没有找到这样一个专业，唯有千叶大学有这么一门选修课，选学的人还很少。

"以前没有这门专业，那就创造一个新专业好啦！"

幸之助亲自给千叶大学校长打电话，双方虽然没见过面，但幸之助的大名人家还是听说过的。

幸之助在电话中给大学校长上了一课。

"我想把产品比作女人。"他讲道，"女人仅仅贤淑聪明是不够的，最好还能有某种程度的美貌；可是这还不够，心地不善良也不行。总之，身为女人，要具有理想的素质，再加上理想的外貌，这才是人见人爱的美人。女人如此，产品亦然。仅仅是产品质量好就能满足需要的时代已经过去了，还要加上实用的美。这是一种美的文化，也是未来工业生产的方向。"

他又联想到日本古代的茶道，他说："校长先生，您一定知道，人们对茶具的要求不仅是只能盛水，还应具有满足人们感官需要的形状和颜色。谁也不愿花上1元钱买一只虽然便宜，但外观粗陋的茶杯，而要花上1万元买一只考究的、能够满足感官需要的上品。喝茶如此，其它产品也是如此啊！"

"校长先生，请您告诉我，"幸之助忽然发问，"在您的家里，谁上街购物的次数更多一些呢？是您，还是您的太太？"

"当然是我的太太。"电话那一端，千叶大学的校长说道，"可是我不明白，你问这个做什么？"

"校长先生，不光是您的家，在全日本，或者说几乎在全世界，购物最多的恐怕都是妇女。"幸之助接着说，"妇女对美有一种直觉的敏感。她们喜欢逛商店，喜欢把各种同类商品拿来做比较。她们比较什么呢？除了商品的质量、性能、价格外，还有最重要的一条就是比美。这一条往往被我们商家所忽视。而会做生意的犹太人说：要做女人的生意，商品就要让她们满意。因此他们的货物都十分注重外观设计，不管是珠宝首饰，还是服装鞋帽。"

最后，幸之助总结道："在现今的世界上，日本想将产品外销，如果对设计没有相当的研究，是无法与外国产品竞争的；即使产品的性能再好，若设计欠佳，还是无法刺激消费者的购买欲望。如此下去，不但是我松下公司一家的损失，也是全日本的损失。"

"我听明白了，松下先生，"校长说，"可是你要我帮你做什么呢？"

"我需要那位开设'产品设计'课程的教授，到敝公司来培训我们的设计人员。"

"哎呀，我不好对教授下命令呀！"

"那好吧，让我来和教授谈一谈。"

于是，他又和讲"产品设计学"的教授通了电话。

他用富于鼓动性的语气对教授说："教授先生，我知道您是热爱自己的专业的。不要简单地认为到敝公司来讲课仅仅是移动一下位置的问题。在校的专职教授能到公司来参与产品的设计工作和培训工作，这件事将在全日本造成良好的影响，实际上是向工商界和在校学子呼吁对产品设计的重视，这对您的专业的推广也是大有裨益的。"

"好吧，我来。"教授被感动了，接受了邀请。

就这样，松下电器公司在产品设计上先行迈出了一步，这在日本工业史上是一个划时代的事件，标志着现代化工业生产的到来。

引进菲利浦

幸之助从美国回来半年之后，再度赴美，然后又去欧洲。这次与他同行的有专务董事高桥荒太郎和他的女婿松下正治。此行的一个重要目的是寻求一个技术合作伙伴。

从北美到欧洲，他们一行参观了不同国家的十几个电器产业，对欧美的电器有了一个概略的印象。

他们最后来到荷兰。一踏上这块美丽的土地，幸之助就深深地喜欢上了它。

荷兰是一个海边的小国，地势低洼，国土狭小，资源有限。这同岛国日本有着相似之处。

荷兰的风土人情也别具一格：田野微风，小河风车，石子铺就的小路，坐在树荫下的老人悠闲地吸着烟斗，路边盛开着五颜六色的郁金香，深远的蓝天下镶着白云，微风送来远处教堂晚祷的钟声……

他们将荷兰的电器同其它国家的电器做了对比，发现荷兰的产品具有纤小、严谨、紧凑、细致的特点。

"荷兰为什么与别的国家不同呢？"幸之助对同来的两位下属说，"这是因为荷兰同日本一样，缺乏资源，它不能像美国那样，采取大投入、大产出的方式，而只能精打细算。"

他们参观了荷兰的菲利浦电器公司。菲利浦原是一家小小的灯泡厂，经过 60 年的发展，技术已属世界一流，产品已有上千种，人员达 7.5 万人，它在 48 个国家有分公

松下幸之助

司，产品 80% 用于出口，质量享誉全世界。

"二位，对菲利浦有何感想？"幸之助问两位下属。

"菲利浦同松下有许多相似之处，"高桥荒太郎说，"都是白手起家，从小到大。"

"我们需要菲利浦的技术。"松下正治说。

"好吧，就这么定下来吧。"幸之助最后拍板，"我们就选择菲利浦做合作伙伴！"

荷兰是他们此行的最后一站，松下翁婿先行回国，留下高桥荒太郎同菲利浦公司商谈合作的具体事项。

对于松下公司提出的合作申请，荷兰菲利浦公司的态度十分谨慎，他们决不肯把自己的高科技技术随便交给一个低档次的公司，因而要求派一个小组到松下进行考察。

菲利浦公司的要求是无法拒绝的，但也等于给幸之助出了一个不小的难题。因为这样一来，有关公司经营方面的种种机密就必须和盘托出，包括对日本同行尚须保密的重要文件，都要给荷兰人看个清清楚楚，一览无遗。一旦出了差错，松下公司将无密可保。

幸之助着实为此颇费了一番踌躇。直到菲利浦公司派来的三人调查小组抵达大阪，他才下了决心，为了成就事业，就得冒一定的风险。

经过一个多月的实地考察，菲利浦公司的三人小组带着整整三大箱各种资料，返回阿姆斯特丹向总公司汇报。至此，幸之助已完全没有退路，唯有全力促成合作成功了。

幸之助惴惴不安地等了一个月，菲利浦公司的三人小组再次返回大阪，带来了总公司的意见：接受松下公司的合作申请，但在合作期间，日方须付给荷方技术指导费占销售额的 6%。

幸之助对菲利浦公司提出的条件进行了研究，他认为，菲利浦拥有世界一流的电子技术，收取一定量技术指导费或叫技术转让费是合理的，但 6% 未免索费太高。

幸之助琢磨，降低对方的收费有两种办法，一是说服对方主动下调，再有就是我方以别种名目也收取费用，来冲抵对方的收费额。他决定在荷方条件第三款中的"新公司交由松下公司经管"上做文章。既然新公司赢利是双方的，而经营则交由一方负责，那么松下公司理应适当提取一些费用。他把这种收费起名为"经营指导费"。

下一次会谈订于 1952 年 7 月，地点在荷兰的海牙。幸之助任命高桥荒太郎为全权代表，他要求高桥既要千方百计促使合作成功，又要冲销对方的费用比例。

"这太难了。"荒太郎叹道。

"怎么？还没上阵就想缴枪吗？"幸之助问道。

"不，我只觉得担子很重。"荒太郎说。

"没关系。你能挑得起来。"幸之助鼓励着他，"来吧，咱们演习一下。你现在代表菲利浦，我代表松下，看看我能不能说服你。"

他们关上房门，一场假想中的谈判就在幸之助的办公室里开始了。双方唇枪舌剑，你来我往，争得不亦乐乎。

在"谈判"中，幸之助很快就进入角色：向假想的谈判对手提出："菲利浦要求的技术指导费是销售额的 6%，而日美合资企业，美方的技术指导费普遍是 3%，这中间相差一倍。菲利浦可考虑适当降低一些？"

高桥荒太郎想笑，幸之助喝道："不准笑！"

于是高桥收起笑意，以荷方人的口气说："技术和技术是不一样的，有高下之分，自然价值不同。我们的技术是一流的。"

"这我承认。"幸之助平静地说，"只是荷兰的技术与美国的技术是否有如此大的差异？为了使合作成功，我恳请贵公司能精确评估与美方的差距，也使我能说服我的同事，接受贵公司的条件。"

两个人的嗓门越来越高，惹得隔壁的几位小办事员跑来敲门，还以为谁在吵架呢。

"什么事情也没有，你们回去吧。"幸之助对他们说。

"咱们也该走了。"荒太郎说，"经过这么一比试，我心里有数多啦！"

"不行，"幸之助说，"要尽量把一切可能的情况都想到，这样上阵才会有把握。"

于是两人又继续演习下去。

幸之助提出松下公司要索取"经营指导费"。

高桥荒太郎脑袋摇得像拨郎鼓："不行不行！我们从来没有听说过什么经营指导费。在菲利浦与其它四十八个国家的合作中，也是没有先例的。"

幸之助微微一笑，胸有成竹地说："考虑问题和行事的原则，应是其合理性，而不应当是历史上的有或无。贵公司提出的技术指导费为 4.5%，这在我一方也是前所未有的。但我们考虑到贵公司的技术确属世界先进水平，所以接受了，认为物有所值。"

荒太郎拍掌笑道："妙！太妙了！"

幸之助继续说道："然而我方的经营管理也同样是世界一流的，相信贵公司经过几个月的考察已深有体会。以贵公司的声望也绝不会找一个中等货色的公司作为合作伙伴。同样先进的技术，用于不同管理水平的公司，结果是不同的。只有先进技术加先进的管理，企业才会赢利。从这一点上说，技术有价，经营管理同样有价。"

荒太郎叫道："绝啦！"

幸之助又说："双方投资新设的公司全部由我方负责营运，请设想一下，如果没有可以依赖的科学的经营管理，企业管理不善，出现亏损，我们双方的投资岂不都要付之东流？一个在经营上没有把握的公司，即使它不收取经营指导费，菲利浦公司能信任它，并与之合作吗？"

荒太郎举起双手，说道："我缴械投降。"

两人全都哈哈大笑起来。

他俩就这样一遍又一遍地练习着，直到夜深。

临行前，幸之助亲往机场送行，他拍着荒太郎的肩膀说："我们需要菲利浦的电子技术，需要双方的合作，这是不可更改的；同时我们又要维护自己公司的利益，这同样是不可更改的。你一定要在其中找出办法，在夹缝里做文章，拜托了，高桥君，公司指望你了。"

到了海牙，高桥荒太郎使出浑身解数，按照幸之助预先设计好的方案，舌战群儒，寸步不让。最终的结局是，菲利浦公司的技术指导费被降至 4.5%，而他们也接受了

松下幸之助

松下公司提出的管理指导费的请求，其比例为3%。这样，就使菲利浦公司得到的技术指导费实际只有1.5%。

1952年10月3日，幸之助亲自到荷兰的阿姆斯特丹出席合作议定书的签字仪式。5日，荷兰各大报都登出了松下与菲利浦公司总裁握手的大幅照片。6日，荷兰女王接见幸之助并为他授勋。

那一天，一辆宫廷派来的汽车将幸之助接进皇宫，有侍者将他引进一间小客厅。不久，女王出现了，这是一位年约50岁的贵妇人，身材修长，举止优雅，但衣着十分朴素。女王亲自为幸之助斟上咖啡，询问了松下产业的历史和发展状况，还问到了幸之助的家人。女王的平易近人使幸之助深受感动。

接下去是授勋，女王将一枚"奥伦治领导者声望"奖章挂在幸之助的胸前。这是荷兰王室给予国际上对于工业和经济卓有贡献人士的最高荣誉。

第二天，荷兰女王接见幸之助的大幅照片见于欧美各大报纸的头条。这时幸之助功德圆满，该启程回国了。同菲利浦公司的技术合作，对于战后松下公司的发展，是最有决定性的一个转折点。

尘封的金子

1953年初春的一个晚上，在兴业银行常务董事小野的办公室里，幸之助同小野正在商量贷款的事情。从窗口望去，远处无数只闪烁着五彩灯光的轮船，在大阪湾飘来游去；近处，商业街大小店铺的霓虹灯循环升腾，红来黄去，让人感到夜空的神秘，未来的难以预测。

在闲聊时，小野自然而然地谈起企业经营的艰难状况。

"松下君，只有像你这样根深叶茂、信誉良好的大企业还有贷款的路子，许多中、小公司已经断了血脉，难以为断了。"

"噢！"

小野说着从写字台的抽屉里，拿出一张老式留声机的唱片，说道：

"你看这张唱片，这是当年红极一时、行销海内外的名牌产品——'胜利'牌唱片。"

幸之助接过来一看，觉得很面熟，好像在哪里见过。噢，在女儿的留声机里就放的是这种唱片。唱片的商标很别致：一只小狗蹲在扩音喇叭前面，憨态可掬的样子，让人难以忘怀。

"嗯，这家唱片公司可是很有名的。"幸之助情不自禁地说。

"就这么一家大名鼎鼎的胜利唱片公司，眼看就要垮台了。""怎么，松下君对这家公司也有所了解？"小野见幸之助仔细端详着唱片，便试探着引他的话。

"这个资金雄厚的美日合资公司，哪有人不知道呢！它和日本哥伦比亚唱片公司并驾齐驱，是日本留声机和唱片制造业最著名的两家厂商。战前业绩一直不错，怎么会下滑得这么快。"

"松下君说的是战前情况，仗一打起来，情况就不妙

了。娱乐品滞销，再加上美国人撤走了股份，给它断了血，于是它就奄奄一息了。"

"是啊，这是日本的名牌工业，一定要全力挽救它，可是……"说到这里，幸之助却把话锋一转，"可是，没有雄厚的财力还是枉然。除非东芝这样的大企业，别人怕是没有这个力量。"

"东芝的资金都投到了电器上，怕摊子铺大了担风险。胜利的设备是一流的，技术是一流的，眼看着就这样让它垮下去吗？哥伦比亚公司已经垮了，难道日本连一家唱片公司都保不住了！"

老谋深算的幸之助朝小野莞尔一笑，说道：

"小野君不是对我发感慨吧？请问有什么高见。"

小野沉思良久才说道：

"眼下只有松下君有实力买下胜利唱片公司。"

"让我买下胜利的股份？我哪有那么多钱呢。"

"我可以跟银行董事会商量一下，贷款给你。"小野说，"不过，要在合同里写清楚——专项贷款，只能用来购入胜利公司的股份。"

幸之助沉默不语，他明白小野贷款是有利可图的，而风险只能由他一人承担。

小野完全理解他沉默的含义，不失时机地鼓动说：

"这可是蒙上了尘土的黄金，只要吹掉灰尘，黄金就是你的了。"

幸之助心里明白，这家公司是黄金不假，只是能够吹掉灰尘的风何时才能刮起来呢？那股风不是别的，就是民用产品购买力的回升。

幸之助从小野那里回来，便张开全部触角，去探测那吹拂灰尘的劲风。

事隔不久，幸之助接到了驻日美军上校威廉姆斯的一个电话：

"喂，松下君吗？今晚有空请到我这里来吃晚饭，我雇了一位高级厨师，烧得一手地道的中国菜。另外，我手里还有一张订单，有上百种产品，总价值 4500 万元。我想你会感兴趣的。"

被这位美国上校说中了，他手中那份订单，对松下确实很有诱惑力。威廉姆斯的身份是美军的商务代表，负责在关西地区的采购工作。他手中的订单带给幸之助的不仅仅是利润，又常常提供了观测商海风云的数据。

这晚，幸之助来到威廉姆斯寓所时，上校正在送两位客人出去，幸之助独自坐在沙发上。客厅里放着一台落地式收音机，这时正放着一支西洋乐曲。而吸引他的却是茶几上散放着的几张带有小狗标志的胜利牌唱片。

威廉姆斯送客人回来了。他穿一身便装，没有扎领带，给人一种轻松、随便、容易相处的感觉。

"哈罗，松下君，让你久等了，你也喜欢音乐？"见松下正在翻看唱片，他便说道。

"不，我不感兴趣，请你把电唱机关掉，把订货单拿给我看看吧。"

幸之助急于谈生意，也就直来直去地说了。

威廉姆斯并不介意，马上拿来了订单。

幸之助细细翻看着订单，发现同以前相比，军需品种类大大减少了。威廉姆斯看到他若有所思的样子，便解释道：

"韩战打不下去了，东亚将出现和平，估计民用产品的数量要增加……"

幸之助的心里一亮：他所期盼的劲风来了！过去的战争摧毁了胜利唱片公司；可是明天不再打仗了，人们不仅需要电冰箱、电风扇，不久还会要留声机放音乐，日本唱片公司一定能重振雄风，该是挖宝的时候了。

"告辞了，威廉姆斯先生!"幸之助急匆匆地走了，把个威廉姆斯闹得直眉竖眼，站在那里发愣。

幸之助回家后立即着手办了两件事：一是通知小野，接受他的专项贷款建议；二是派人立即对胜利唱片公司展开调查。

调查报告很快送到幸之助手中。报告称：胜利唱片公司的人员，特别是技术人才没有流失，公司目前负债总额已达5亿日元。美国厂商正准备杀回胜利公司，重新控制日本，乃至东亚的唱片市场。

这时，兴业银行的贷款已经到位，幸之助决定抢在美国人的前面，买下胜利公司的全部股份，给日本保留一家生产唱片的企业。

他派得力干部进驻胜利唱片公司，局面很快就打开了。由于注入了松下公司的科学管理方法，胜利唱片公司迅速地改变了面貌。一块真金终于拂去了灰尘，闪烁着光芒。

造人先于造物

　　大阪天王寺公园八重樱的花儿重重叠叠，开了又谢，谢了又开。松下公司已经长成了参天大树，松下本人也老了许多，拼搏商海他觉得有些力不从心了。

　　这时，他想起当年加藤大观法师曾经对他说过的一番话："松下先生，你虽然年轻，但毕竟是公司的首脑。这就像军中的主帅，是不可以离开自己的营帐的。你应当留在自己的办公室，有事情让部属去做。"

　　松下越琢磨越觉得他这番话的含意很深。那是告诉他不要事必躬亲，要借助他人的力量，发挥众人的力量啊。

　　经营一个庞大的现代化大企业，人才是不可少的。一向思贤若渴的幸之助，这时对选好人才、用好人才就更加重视了。

　　一天，松下公司要招收十名新职工，前来应试的却有好几百人，黑鸦鸦地挤满了应试大厅。

　　松下来到口试试场，坐在角落里静静地听着。有一位叫神田三郎的考生引起他的注意。只见神田三郎反应灵敏，对答如流。松下不由自主地介入进来，他对那神田三郎说："我来问你几个问题好吗？"

　　"我愿意回答您的任何问题。"

　　"你对松下的用人之道有什么见解呢？"

　　"松下的用人之道体现了松下的经营理念，符合事物发展的客观规律，只是……"

"只是什么？你尽管说好了。"

"只是'不任用朋友'这一条，未必合适。朋友德性有深浅，能力有强弱，只要择善而用，就应该一视同仁才对。"

听惯了颂扬话的松下，心里不禁一震：还没有哪一个黄毛孺子，敢这样挑我的毛病，而且是一针见血。心里虽不舒服，却自有几分喜欢。

"还有什么？"

"'聘用中等人才'作为普遍规则也未见合适……"

这个青年人见解的高明和态度的直率，给松下和主考官们留下了深刻印象，受到一致的好评。经过一周面试和口试之后，从计算机里选出前十名佼佼者，并发放了录取通知书。

当松下看到录取名单时，发现没有神田三郎的名字。原来是计算机出了毛病，把排名第二的神田三郎漏取了，没有发给他录取通知书。

松下马上派人，把补发的通知书送到神田家里去。

可是悲剧发生了，送录取通知书的人回来向松下报告说：

"不幸得很，当我赶到神田家里时，他已经跳楼自杀了。"

"为什么呢？"松下非常吃惊。

"据他的家人说，看到别人接到了录取通知书，他以为自己落了榜，觉得前途无望，没脸见人，就寻短见了。"

说到这里，在场的人一片欷歔，都说：

"太可惜了!"

"公司少了一个前途无量的人才!"

松下沉思很久,才深沉地说道:

"神田这么年轻,轻易地死去了,确实值得惋惜;至于说到人才,他却配不上了。人才,首先还不是见解高超,业务过硬,而是要意志坚强,百折不挠。他才经过一折,就毁灭了……商战太残酷了,他怎么能适应呢!"

接着,他又对在场的下属布置说:

"我们培养教育职工的内容,要突出一条,就是如何面对挫折、危机和挑战。危机是危险,也是机会。悲观的人,只是看到危险 Z,看不到机会,陷入绝望深渊;松下要培养乐观的人才,要看到从危机中冒出的机会,抓住它,去追寻成功。不冒一点风险,你永远也得不到你生活中所追求的东西。"

有一次,松下公司新招收了 360 名职工,人事部门正在准备对他们做例行的上岗前的培训。就在这时,幸之助把有关人员叫了去。

"有一个问题要请你们回答。"幸之助劈头就问,"松下公司究竟是制造什么的呢?"

"报告总经理,松下公司是全国闻名的制造家用电器的公司。"一个年轻经理冒冒失失地回答说。

一些老练的主管笑而不答,他们觉得问题不会那么简单,其中必有文章。

果然不出所料,幸之助说话了:

"不对,不对啊!"语气平和却透出不容置疑的权威

性，"松下公司是在生产各种家用电器，但重要的是在培育人。有了高素质的人才，才可能造出高质量的电器，造人先于造物啊！"

一席话，使得各位主管茅塞顿开。

幸之助这次训话，后来成了松下公司的信条。随便问公司的任何一个职工，他都会回答：

"松下公司是培养人才的公司，兼做电器生意。"

祖孙对话

晚年的幸之助，早已是功成名就了。他正像一轮夕阳，映红了日本的一抹天空。可是，他心里有数：夕阳无限好，只是近黄昏了。

这时，久久盘绕脑中的是松下公司的接班人问题。他多么希望能有一个松下本姓的青年人挑起这副重担啊。遗憾的是，松下夫妇膝下只有一个女儿幸子，唯一的儿子松下幸一，不满一周岁就夭折了。为了弥补这个缺憾，他将女婿平田正治收为养子，改姓松下。正治和幸子为松下生下了孙女敦子、孙子正幸和弘幸。

松下正是把希望寄托在孙子正幸身上。

那一年春天，松下正幸从庆应大学经济系毕业后来看爷爷。这时，正是"樱花红陌上，柳叶绿池边"的时令。花圃里，芳草吐绿，迎春绽放的山樱、八重樱、郁金缨，把整个花园点缀得一片莲灰，一片浅红、一片淡黄，呈现出一派盎然生机。这一老一少，一边侍弄花草，一边谈论正幸毕业后的发展。

"正幸，毕业后有什么打算，愿意到爷爷的公司工作吗？"

"一切听从爷爷安排。"

"好！一言为定。那你要从一般职员做起，你不觉得屈材料吗？"

"不，爷爷不就是从学徒干起的吗？您把成功的诀窍告诉我吧！"

"好！说来也简单，心里要有一个楷模，就是以丰臣秀吉做为人生的榜样。我学徒时，用他来激励自己；成功以后，我又用他来激励下属。可是你对丰臣秀吉又了解得怎样呢？"

"我不止一次听爷爷讲过，每次都有新的感受。"

"那爷爷倒要听你讲讲了。"

"好！那我就说给爷爷听。丰臣秀吉是战国时代铲除封建割据、统一日本的名臣，原名叫羽田秀吉，丰臣是他当大臣以后，天皇赐给他的姓氏。他做过保管草鞋的仆人，还做过马夫。管草鞋时，在寒冷的冬季，他总是把主人识田信志的草鞋抱在怀里，用自己的体温把草鞋烘暖；当马夫时，他精心照料马匹，勤刷洗，夜间加喂一遍料，还用自己的工钱，买胡罗卜喂马，把马喂得膘肥体壮，滚瓜溜圆。"

"丰臣秀吉早就作古了，搞现代企业，你说还需要这种敬业精神吗？"

"这种敬业精神是爷爷提倡的，什么时代都不能少，

我会继承过来的。"

松下正幸下到分店以后，从一个普通职员做起，学着丰臣秀吉的样子敬业，积累了丰富的经验，赢得了人们的称赞。

幸之助得知后，很高兴，连连夸奖孙子是一块好材料。

此后，松下正幸又去美国宾夕法尼亚大学选修了一年经济管理专业课，并进了美国 3m 公司工作。

松下正幸从大学毕业一晃十年过去了，幸之助觉得是该给他压担子的时候了。

在正幸 32 岁那一年，松下把他召到自己在京都真真庵的寓所。

这是一个初夏的早晨，清风送来花的芳香，鸟的鸣唱。松下半躺在藤椅上，微闭着双眼，同垂手侍立的松下正幸，慢悠悠地闲聊着。

"正幸，你在大学里学的什么专业?"

"爷爷忘记了，我学的是经济呀。"

"胡说! 爷爷怎么会忘记，是在问你呢!"

"是，爷爷。"

"你到美国进修的是什么专业?"

"是经济管理，爷爷。"

"那你在美国 3m 公司又搞什么专业呢?"

"还是经济管理，爷爷。"

"我和你父亲为什么给你选这个专业，你总该明白吧?"

"那是爷爷想让我将来管理我们的公司。"

"这是我们的期望，你应当准备好，挑起这副重担。当然，还要多设几个台阶，一步一步来。"

"是，爷爷。"

"你明天就把手头工作交代好，就去到你姐夫的公司去报到。"

"是，爷爷。我到下属公司去当头头，还要请您指教。"

"我的经验全在那几本书里，你慢慢看，重要的还是要有正确的经营思想。让我再给你讲个故事。"

"好！从小到大，爷爷的故事我听不够。"

"过去，有一个小镇上有一家糖果店，它做的甜豆沙包远近闻名。豆馅的料是特殊配制的，掺进了青丝玫瑰，别有风味。天天顾客盈门，又多是有些品位的。

有一天，一个衣衫褴褛、身背褡裢的人，手拿一枚硬币来到店里，喃喃地说：'听说你们的豆沙包很好吃，我也想买一个尝尝。'

有的店员认出他来，悄悄对伙伴们说，他就是常在街头乞讨的乞丐。大家一时没了主张，一个店员手里拿着包好的豆沙包，僵在那里，不知如何是好。

正在这时候，经理过来了，看到伙计们的尴尬样子，他明白了一切。他对那个店员说：'来，把东西给我，让我亲自交给他。'

经理接过来包好的豆沙包，恭恭敬敬地交给了乞丐，并收了钱，鞠着躬对他说：'欢迎你光顾本店，吃好了请再来。'

　　从此，这个小店名声大噪，顾客更是推不开门了。"幸之助讲到这里，看了看松下正幸，问道："你看这位老板高明在哪里呢？"

　　"他用这个乞丐做了广告。顾客会说，你看，对乞丐都这么接待，他们对一般顾客更是错不了。这个小店怎么会火不起来呢？"

　　"你说得不能算错，不过还是从谋略上讲的，并没有说到根本上。"

　　"那什么才是根本呢，爷爷？"

　　"经营理念的根本问题，是为所有顾客服务，顾客是上帝。上帝就是上帝，没有高低贵贱之分。不论是达官贵人，还是乞丐盲流，都要平等对待。随便说说可以，真正办起来却不容易。现在时代不同了，可是这种精神还是常青的。"

　　"爷爷的意思我明白，我会身体力行的。"

　　幸之助见孙子全神贯注的样子，很是高兴，又把自己的经营管理理念一条条地讲给孙子听……

　　松下正幸到姐夫关根恒雄那里去报了到。姐夫是松下兴产公司总裁，他所经营的公司实力很强，营业额年年上升。他按照幸之助的部署，把松下正幸安排到一个能够踏踏实实干事的岗位上，让他做了仓库经理。

　　关根恒雄经常把正幸的情况向幸之助汇报，幸之助更是通过电话遥控，频频做指示：

　　"不要把他看作你的亲戚，要把他作为一个普通的下属管理，要比一般干部要求更严格。正幸成长不起来，我要拿你试问！"

松下正幸没有辜负爷爷的期望，他很快掌握了做公司经理的本领，取得了丰富的经验。他于1982年被调回总公司，担任洗衣机部部长，真正是子承祖业了。

站在人生的巅峰

幸之助一生不信宗教，然而却并非不接触宗教。他早年结识了加藤大观法师，从加藤那里他领略到了超乎世俗的境界。加藤死后，他又认识了一位立花法师，与之交游并一同参禅，把从佛门学到的东西活用到自己的企业经营中去，从中体味着人生的真谛。

幸之助是一个理想主义者，在他的"自来水哲学"中，他幻想着通过大量生产使物资极大丰富，让人民都能过上幸福美满生活。这虽然是一个难圆的梦，但不能否认梦境本身是十分美妙的。

幸之助年轻时身体虚弱，可是过了50岁反而病痛全无，精神旺健，越活越硬朗，许多人对此大惑不解。幸之助则说："也许这是我总抱有希望的缘故吧！换句话说，就是对明天怀有梦想，我常常认为能心怀梦想是人生中非常非常重要的事。"

作为一个企业家，幸之助当然是要赚钱的，但他却对金钱有着自己的看法。他认为，在商品社会，人人离不开金钱，重要的是人们怎样去获得并使用金钱。以卑鄙的动机和手段去获取金钱，那当然是罪恶；但采用合法的手段取得金钱，并用于人类的发展与进步那就是功德了。

幸之助对于金钱有一个生动的比喻，他把金钱比作润滑油；正如机器要运转，离不开润滑油，但润滑油不是人们追求的目的，它只是提高人们生活的工具和手段。

幸之助说："我对金钱的需要绝不超过润滑油的限度，没有必要储蓄更多的钱。如果储存的钱超过润滑油的限度，又不用于社会，那就是赚钱的歪道了。"幸之助的观点是，人离开金钱不能活，但人活着不是为了钱。

幸之助说："我做生意所得的利润，名义上虽然是我的，但死了以后无法带走，不是给子女，就是给亲戚；如果没有子女和亲戚，就要捐给国家。我想从本质上说，这些金钱都不是我的。"

那么幸之助对自己的钱是怎样使用的呢？他说，除了一部分用于企业和员工外，还有一部分用来"回馈社会"。

当时，社会上有一些人对此感到不可理解，于是批评幸之助"虚伪"，其实，幸之助的行为是最好的说明——

1964 年，他捐资在大阪车站前修筑一座立交桥。

1968 年，鉴于城市交通事故激增，他捐资 50 亿元，作为"防止儿童交通事故对策基金"。

1973 年，他捐款 50 亿元给日本政府。

1976 年，他出资 70 亿元，为日本培养 21 世纪人才设立"松下政经塾"（即"政治经济学校"）。

1980 年，松下公司与幸之助本人各捐资 50 亿元设立教育基金。

这里还不包括那些零星的较小项目。

幸之助长于思索，他的人生态度也不仅仅是说说而已，而是融化在他的日常生活中。

幸之助常说："公司的工作需要大家来做，它不属于某个人，也不是我个人的财产，它是公有的，是寄存了天下人的东西。从法律上讲，我们从事的买卖可能是属于我个人的，但就其本质来说它是公有的。"

但是幸之助有时又把别人的财产看作是自己的。

有一次，他同一位下属到郊外去吃晚饭，看到田野上宜人的风光，他突然说道："这附近一带都是我的土地呀，现在我们要去的饭店也是我开的呀！"

这句话是那样突兀，那样不可理解，因为眼前的这块土地明明不属于松下公司，幸之助也并不开饭店，那么他为什么要这样说话呢？

幸之助马上解释道："其实，这块土地和我们要去的饭店并不是属于我的，但心里存了这种念头，就会想到：轻轻地开车吧，更不能乱丢垃圾和采折花木，因为这里的一切都是属于我的呀，只不过自己以电器生产为主业，无暇管理这片土地和饭店，因此只能拜托他人代为管理。有了这样的想法，心胸就会开阔起来，心情也能愉快。"

幸之助接着说："我们可以这样想——现在要去的饭店是自己的饭店，因此吃过饭可以不必付钱，但又不能白吃一顿坦然而归，因为虽是自己的饭店却要拜托别人料理。人家每天都在努力地工作，今天又热情地款待自己，岂能不对人家有所回报？这样一来，对店里的人自然抱有感激之情，还会不由自主说出很亲切的话来。"

在幸之助心目中，自己的公司乃是天下人的公司，天下的财产也是自己的财产，这一切虽然并不完全是事实，在日本那样的资本主义社会中好像是有点儿痴人说梦。但应当看到，在幸之助的幻想中存在着某种合理的东西。

幸之助积毕生之经验，在晚年时对自己的人生态度做出了总结——

第一、人应具备服务及贡献社会的精神，仅仅为了个人而工作和生活，这种思想就太狭隘了。

第二、要做一个对工作富有热情和热心的人。如果对工作和生活抱着冷漠的态度，其结果往往是一事无成。

第三、碰到困难时不要太悲观，要坦然面对逆境，千方百计去争取最好的结果。

"喂，你知道吗，"幸之助曾对人说："人的心胸越扩越大，能够出非常好的智慧，也能越缩越小，小到自杀的程度。"

幸之助不是哲学家，但是他通过思索登上一个人生较高的精神境界。

退休之后

随着幸之助年纪的增大，他开始考虑从公司的最高岗位上退下来的问题。当时，加藤法师已经作古，他又和另一位法师交上朋友，这就是大德寺如意庵的立花大龟法师。

立花法师曾对幸之助说："人应当认识到，纵活百岁，终有一死，死同生一样的必然。死既然不可避免，人应适时地坦然地对待它，撒手人寰并不可悲，不要总是放心不下身后事。盛衰、成败、荣辱、得失，都有其必然规律，个人是改变不了的。"

"松下君，你知道大象吗？它们在死期将至前，自己走向密林深处，坦然地面对死亡，将自己融于自然而不给同类带来麻烦。我们生而为人，系万物之灵，岂不更应从容离世吗？

"我看你该适时地考虑退路了，否则在耄耋之年仍忧心忡忡，虑己悯人，又于事无补，实在可怜。"

幸之助对他说："你说得很对，立花法师，我确实是应该退下来了。"

1961 年 1 月 15 日，幸之助主持召开了年度生产计划会议。会议结束的时候，他郑重地向大会宣告：

"诸位，下面我宣布一件事情——从今天起，我将辞去松下公司总经理一职，仍保留董事长的职务，总经理一职经董事会讨论决定，由现任副总经理松下正治接任。"

此话一出，不啻晴空打了个霹雳，把与会者全给击呆了。松下公司的员工们已经习惯在幸之助统领下工作，他们想象不出没有幸之助的松下公司该是一个什么样子。

一阵短暂的寂静之后，台下沸腾起来，人们交头结耳，议论纷纷，一致请求幸之助留任。

幸之助大声说："感谢诸位对我的信任。"台下安静下来。"松下公司能有今天，固然与我几十年来未敢稍许懈怠有关，而各位同仁同心协力，尽职尽责也是很重要的。

"我今年已经 67 岁了，年龄毕竟不饶人哪，像松下这样一个大公司，总经理的一言一行十分重要。而多年来公司形成了依赖我的倾向，这样就有导致个人独裁的危险，一家公司只由一个人说了算，难道不可怕吗？即便现在不出问题，随着我年纪的增大，早早晚晚还是要出问题的。

"这些年我很忙，有些部门我从来没有去过，可是那里的工作仍然做得很好。还有，我赴欧美考察近四个月，天并没有塌下来，这说明有我在和我不在都是一样的。

"所以，希望各位能体谅我的心情，准许我的辞职请求，并能继续支持新任总经理的工作，一如既往，共创大业，拜托了。"

台下响起掌声。许多人热泪盈眶。大家心里明白，松下公司即将掀开新的一页了。

第二天，幸之助偕夫人井植梅之离开大阪，去了在京都的别墅，老夫妻在这里过上了远离都市喧嚣的生活。

这里的地皮是早年间就买下的，并在这里建起一幢木屋。梅之喜欢这里的樱花和一年四季草木常新，幸之助则喜欢这里的宁静。

幸之助脱去了西装革履，换上和服木屐，每日里听禅、品茶、读书、写回忆录，日子过得轻松而又惬意。

幸之助虽然退休，但并非无事可做，有一件事情始终放在他的最重要的日程上，这就是PHP的研究工作。

幸之助在作为"财阀"被"驱逐"期间，因为无事可做，便转而思考怎样医疗战争创伤，他开出的药方就是

PHP。不过，后来"财阀"的帽子被摘掉了，幸之助又全身心地投入到公司的经营管理中去，在 PHP 研究上花费的精力就很有限了，他对此也十分无奈。

现在好了，摆脱了公司日常事务的幸之助可以全力从事他心爱的研究工作了。

幸之助退隐后的生活并没有持续多久，很快，四面八方的电函不断。许多大公司、院校和社会团体纷纷邀他参观和演讲。幸之助是来者不拒，到处去讲他的 PHP。

有一次，他应邀到法院去演讲，听众是 50 名法院的推事。幸之助讲了一个小时，又用一个小时回答听众的提问。这时一位年轻的推事起立问道：

"松下先生，您所主张的繁荣之路是非常好的，可是如何用于解决实际问题呢？比如说，报纸上常说缺少煤炭，您认为怎样才能使煤炭增产呢？"

幸之助的回答大出人们的意外，他说："这要去问煤炭了，煤炭说它不愿意出来。"

年轻推事说："您不要开玩笑了。"

"不，这不是玩笑。"幸之助认真地说，"煤炭没有嘴巴，它不会说话，倘若它是灵性，就一定会说它不愿意出来，现在我就向你们说明这个道理——

"让我先用人来打个比方，有一家公司，因为战争的缘故而遭到破坏。为了社会，为了国家，这家公司必须重建并恢复生产，于是社长集合了公司的主要干部来谈话，社长说：'为了社会也为了自己，公司必须重建，希望大家发挥各人所长，共同努力。'这时大家说：'请社长放心，我们会尽力去做的。'社长说：'好极了，既然你们愿意为公司效力，我还要减少你们的薪水。'这一定会引起大家的反对：'社长的这种说法就不大对了吧？我们做出额外贡献没有要求加薪就已经很不错了，你要我们好好工作，代价却是降低薪水，这未免太不合理了吧？'于是消极怠工的现象就开始发生了，而且有的人闹着要辞职，对老板说：'另请高明吧，我不干了！'

"现在我们说到煤炭，煤炭是靠工人开采出来的，因为煤炭价格降低，工人的劳动得不到应有的回报，久而久之就会影响他们的生产积极性，反映在市场上就是煤炭短缺。因为我们对煤炭生产重视不够，所以说煤炭不愿意出来。

"对待世界上的事物，必须以尊重的态度来对待。错误的物价政策阻碍了经济的繁荣，导致了煤炭的短缺，所以这是违反 PHP 的。"

幸之助风趣的讲话赢来了阵阵笑声和掌声。事后，法院院长对幸之助说："听了你的有趣的讲话，我们也真该改变思想了。"

由于幸之助的努力，PHP 作为一个运动逐渐被日本各界人士所了解，所认同。1967 年，PHP 研究规模继续扩大，松下公司决定在京都火车站南侧建立了 PHP 总部大楼，幸之助经常在这里举办讲习班，PHP 唤起了更多人的兴趣与支持。

再度出山

退休后的幸之助，对公司的事情是不大过问的，只有一些重大的会议才赶回大阪一趟。可是 1964 年公司召开的一次会议却打破了他在京都别墅的平静生活。

那一次，松下公司是在伊豆的热海召开销售会议。幸之助在会上了解到，家电市场无利可图，各商家却还在压价竞销，使代理商蒙受损失，有的代理店不得不关门停业，这局面令他大为震惊。

这次公司所面临的困境，是二战后的第一次。究其原因，主要是战后日本经济已达巅峰状态，经济发展过速而走向了反面。由于日本的所有工业企业投资缺少必要的控制，造成销售停滞，产品过剩，松下公司在这种大环境下也是在劫难逃。

来热海参加会议的除松下公司的高层干部外，主要是各代理店的代表。实行代理店销售制度是松下公司多年的传统，是幸之助早年间创建的一种行之有效的销售体制。

令幸之助感到意外的是，会议从一开始就怨声四起，代理商们同松下公司的抵触情绪很深。原来，这些代理商近年来亏损严重，难免抱怨松下公司指导不利。

公司方面也不示弱，指出他们出现亏损主要还是自己经营不当，不能把一切责任全都归罪于松下公司。

第一天会议是在互相指责中结束的。

当天晚上，幸之助彻夜难眠。他觉得不能让自己多年辛辛苦苦创建的代理店制度就这样垮掉。

在第二天的会议上，又是一场唇枪舌战。幸之助暗自思忖，像这样各执己见，互相指责，哪里能有结果，看来大家的意见发表得差不多了，应该就此打住了。想到此，他站起来对大家说：

"现在我讲几句。"

会场立即静下，许多经销商互相告诫："嘘，静一静，老松下说话啦——"

幸之助环顾会场，声音朗朗地说道："虽然各代理店有经营失当之处，但松下公司也绝非毫无责任。多年来，松下公司因深得经销商和代理店的信赖，渐渐滋长了骄傲情绪，丢掉了创业时期的那种虚心求助的精神，采取了一些错误的销售方针和方法，以致造成了今天的局面，因此松下公司必须深刻反省，引咎自责。"

幸之助的反躬自责，使经销商和松下公司的高级官员们全都目瞪口呆，会场的形势一下子出现了逆转。

幸之助接着说道："松下电器公司能够发展到今天，多亏在座的诸位对公司的扶持和关照，所以说我们没有资格对现状表示不满，诸位的亏损归根到底还是由于松下公司的照顾不周……"

接着，幸之助回顾了当年松下公司第一次推销电灯泡的事——当时，松下公司的电灯泡质量尚不稳定，但为了日后的发展，公司恳请批发商以最高价销售，最终取得理解。松下公司也在短时间内提高了电灯泡的质量，使松下产品比较容易地就站到较高的档位上。

"回顾往事，应该说，松下公司有今天，与各位经销商的支持是分不开的。"幸之助动情地说道，"今天，面临着市场困境，我们本当同舟共济，休戚与共，松下作为产销的龙头，责无旁贷地要担起主要责任。请大家给我们时间，松下公司绝不能坐视老朋友们遭受损失。"

幸之助讲完，会场静了好半天，忽然掌声雷动。

"公司面临困境，我不能不管。"回家后，幸之助对妻子说，"我必须回到公司去上班。"

"那么你要怎么做呢？"井植梅之不无担心地问道，"还是当你的总经理？"

"不，我只当营业部长。"

"那怎么行？"梅之叫道，"女婿当总经理，你给他当部长？你不怕别人笑话吗？"

"谁爱笑话，就让他笑话去吧！"

于是，幸之助在退隐山林三年多之后，又在古稀之年，以老弱之躯重新披挂上阵了。

他放弃了别墅的闲适生活，从京都赶回大阪居住，每天准时到营业部长办公室处理业务。

当时，已退居二线的幸之助再度复出，而且是当一名部长，这对报界来说，实在是大新闻，引得不少记者前来采访。幸之助对报界说：

"我兼代理营业部长，有两个愿望：第一，尽力促进家用电器制造业同行的协力合作，以保持市场的平静秩序；第二，调整代理店制度。首先松下公司必须改正以前的态度和做法，制造业只图自己赚钱是不行的，还须顾及到代理店，使他们有肥水可沾，这对制造业也是有好处的。"

对于第一条，幸之助以其在同业中的威望，于这年的8月16日，召开了家用电器界七大公司总经理座谈会，这七大公司是：松下公司、日立公司、东芝公司、三菱公司、富士公司、三洋公司和早川公司。此前，同业高层之间从不交换意见，此次晤面，实是一大创举。七大公司的主持人开诚布公，承诺调整各自的生产机制。

对幸之助来说，更大量的工作还是在松下公司内部。他首先下令，公司在一两年之内，销售额不能再增加，重要的是调整产品，检查哪些产品还可以继续发展，哪些产品已经不应该存在，在此基础上调整生产计划。

幸之助经过一个月左右了解情况，理顺关系，初步扼制住了销售下滑的势头，同时也拟出了改变销售颓势的应急办法，那就是理顺和代销店的关系。

他采取的一项重要措施是，拨出专项资金30亿元成立一个"分期付款销售股份有限公司"，专门用来解决代销店手中的呆账。此后，代销店仍继续出售松下公司的电器产品，又由新公司从代销店手中买下顾客的债券，并直接向顾客收回货款。这样一来，代销店只管销售而不管收账，他们的资金周转困难问题便迎刃而解。

这一办法，从道理上说，当然是完全正确的，然而一旦付诸实行，却在各流通阶段引起明显的利害冲突。任何一项改良措施都不会得到方方面面的首肯，有人欢迎，也必然会有人反对。幸之助为了达到目的，以近七旬的衰弱之躯真诚地四处活动，有时不惜卑躬屈节，遍访有关人士，恳请给予协作。

经过半年多的努力，幸之助终于理顺了各种关系。在他兼任营业部部长一年之后，松下公司的销售额开始稳定回升，从 1965 年 11 月所作的半年期决算来看，松下公司的销售额为 1006 亿元，纯利润为 63 亿元，在普遍的经济不景气的环境下，这样的业绩实属不易。

最后的岁月

幸之助这次复出，确实是出于无奈，但他总也忘不掉立花法师的告诫。当公司的销售状况好转之后，他又开始打算从商场中脱身了，而且这一次，他想脱离得更彻底一些。

1973 年的一天，幸之助在松下电器公司宽敞的会议大厅里，举行记者招待会，记者来得很多。

下午 3 时，幸之助由人搀扶，慢慢地步入大厅，走上讲台，坐在中心位置。只见他精神矍铄，红光满面。

"诸位记者先生，感谢大家多年来对敝公司的关心照顾。"幸之助徐缓地说，会场立时静了下来。

"今天我要向大家公布一件事情，而在公布之前，我想先讲讲我自己——我今年已经 80 虚岁了。创业 55 年来，该做的事我都做了，现在，连我都想拍拍自己的脑袋，说上一句：干得还不错嘛！"

松下幸之助

台下有人笑了，为了他的幽默。

是的，幸之助可以这样说，在他的带领下，松下公司取得了骄人的业绩，不要同当年的家庭小作坊相比，仅同"二战"后的 1950 年相比，就不能不令人吃惊——

1950 年，松下公司的资本额仅为 1.2 亿元，年销售额不过 27 亿元，而到了 1964 年，资本额为 337.5 亿元，年销售额已达 2200 亿元，1968 年的销售额高达 4671 亿元，银行存款突破 1000 亿元，仅每日获得的纯利，平均到每个员工头上是 4500 元。1968 年，美国《幸福》杂志评选世界大公司 200 强，松下公司名列第 81 位。

"无论如何，我是老啦！"幸之助接着说道，"我希望建立新生代的松下电器，让年轻人接替我的职位，以使企业永远充满活力。所以我决定辞去董事长一职，由高桥荒太郎接任。我嘛，转任最高顾问。"

会场上骚动起来，人们在钦敬之余，不免生出几多感叹——一个老人能果敢地交出自己一生为之奋斗的事业，这是多少功成名就的人难以企及的明智之举啊！

幸之助退休了，其实他是退而不休，像他这样拼搏一生的老人，怎么能闲得住呢？

首先，PHP 研究已成了他生命的一部分，他现在有的是时间，可以写文章，到各处去演讲，宣传他对人生、对社会的思索和他的研究成果。后来他陆陆续续出了一些书，有些书是他自己亲笔写成的，有的则是他的演讲的结集。据统计，他的著作有六十余种，有的书发行量竟高达千万册。他的书还被译成英、法、中、德、西等多种文字，畅销全世界。其中重要的著作有：

《我的梦·日本的梦·21 世纪的日本》、《创业的人生观》、《工作·生活·梦》、《经营成功之道》、《经营者365箴言》等等。

幸之助幼年失学，文化水平并不高，不过他这一生总是孜孜不倦地学习，一心要弥补学识不足的缺欠。尤其是他从公司最高经营者的岗位上退下来以后，更是大量地读书，以勤补拙，终于使自己变得充实起来。在文章和演讲中娓娓而谈，俨然是一位饱学之士了。

由于幸之助著作等身和他在 PHP 研究中的巨大贡献，日本早稻田大学和庆应大学先后授予他博士学位。一个连初等教育都没有完成的人，全凭自学而能当上博士，这实在是世间少见的事情。

除了从事 PHP 研究和著书立说，发表演讲外，幸之助还广泛参与社会活动，在许多社会团体中担任职务。例如，他是某歌曲演唱排行榜的评审委员，鸟类保护财团的理事长，最重要的是，他还担任着日本"4H 协会"（四健会）的会长职务。

"4H"又是一个费解的称谓。它本是美国的一个青少年组织，叫做"4H 俱乐部"，宗旨是使青少年得到健康的成长。所谓"4H"，是四个英文单词的第一个字母——Head、（头脑）Heart（心）、Hands（手）、Health（健康）。不难看出，这个组织就是要让青少年既会动脑，又能动手。在身心两方面都得到全面发展。后来美国的"4H 俱乐部"传到日本，主要是在农村中开展活动，并取了一个富有日本风格的名称，叫做"四健会"。

幸之助认为，"4H"运动同他的"PHP"所主张的"以繁荣带来和平与幸福"目标是一致的，所以他很高兴地接受邀请，担任了会长职务，并积极参加活动，从中吸取有益的经验，充实到他的PHP研究中去。

幸之助晚年竭尽全力办的一件大事就是，他个人集资，建立了一所"松下政经塾"（用通俗的称呼应当是"松下政治经济学校"），目的是为社会培养高级政治经济人才。

1979年，经日本文部省批准，松下政经塾正式成立，幸之助亲任塾长（即校长）。政经塾的定位相当于研究生院，招生对象是大学本科毕业生。入学考试极为严格，录取率仅为1%。幸之助主张宁缺勿滥，即使只有一人合乎条件，也要照常开课。

政经塾于1980年招收了首批学生共15人，第一期至第四期学生总数也只有63人。

随着岁月的推移，幸之助不能不时时想到死亡。他并不怕死，但他十分留恋这个世界。

1975年，在幸之助80岁的时候，有一位朋友送来一幅立轴，上写"半寿"二字，幸之助不解其意，朋友解释说："'半'字拆开，可看作是'八十一'，80周岁的人不也就是81虚岁吗？"

朋友又说："不过这里还有更深一层意思，只怕你还没看出来——如果80岁是'半寿'的话，那么'全寿'岂不是160岁吗？"

幸之助听了哈哈大笑，说道："好好好，借你的吉言，我一定要活到160岁。"

在这以前，幸之助曾说他要活106岁，那样他就可以跨越19、20和21三个世纪了。

后来，日本出了一位124岁的高龄老人，幸之助又说，他要活130岁，要打破日本的高龄纪录。

当时立花法师听说此言，托人捎话，说："还是不要讲那种话为好。万一活不到130岁，岂不是很丢人吗？"

幸之助虽然很愿意听立花法师的话，可这回他只是笑笑，好像很不以为然。

而现在，他又说要活上160岁了！

幸之助曾说过："作为人而来到这个世界，做人的成功才是最重要的，在这个意义上我还远远称不上是成功。"

幸之助虽然步入老年，但他总觉得还有许许多多事情要做，也许160岁还不一定够呢。

可是，在95岁那年，他病倒了，得的是肺炎。

家属把他送到松下医院，由于呼吸困难，医生决定在他的鼻子里插上氧气管。医生对他说："现在要把管子插进去，会略微有些痛苦的，请忍耐一下，多多关照吧。"

幸之助躺在病床上，不过头脑却一直清醒，他声音微弱地说："不，受照顾的是我，所以说'请多关照'的也应该是我啊！"

可是他毕竟太老了，这一次他闭上眼睛就再也没睁开，那一天是 1989 年 4 月 27 日。

他走了，没有能活到 160 岁，也没能跨越三个世纪。可是，谁能说这是丢人呢？

他还有许多事情没有做，但他的经营思想却将永远留在人类的文化宝库中，这已经够了。

年　　谱

公元纪年	年龄	记　　事
1894 年		11 月 27 日，出生于日本和歌山县和佐村的一个农民兼商人家庭。
1899	5	父亲经商失败。
1901	7	入小学读书。
1904	10	小学四年级中途退学，到大阪的宫田火盆店当学徒。
1905	11	2 月，到五代普吉脚踏车店当学徒。
1910	16	辞去五代脚踏车店的工作，在做了几个月的搬运工之后，进入大阪电灯公司，初为见习生。
1911	17	转为大阪电灯公司正式技工。
1913	19	入关西商工学校夜间班就读。
1915	21	与井植梅之小姐结婚。
1917	23	辞去大阪电灯公司工作，建立家庭小作坊，生产电灯插座。
1918	24	赁房创立松下电器制造所。
1920	26	在东京建立营业所。
1921	27	女儿幸子出生。
1922	28	兴建现代化厂房。

公元纪年	年龄	记　　事
1923	29	开发炮弹型脚踏车灯。
1924	30	当选区会议员
1925	31	注册"国际牌"商标，与山本武信合作。当选区会议员。
1926	32	角型电池灯推向市场。
1927	33	设立电热部，开发电熨斗。
1930	36	生产收音机。
1932	38	5月5日举行创业纪念式。
1933	39	在大阪门真街建立总部大楼，发布五大信条（后改为七大信条）。
1935	41	成立松下股份有限公司。
1943	49	为支持"圣战"，给日本军队制造兵舰和战斗机。
1945	51	第二次世界大战结束，美军清查小组进驻松下公司。
1946	52	被盟军指定为财阀，资金冻结，业务受限制。
1949	55	获"财阀"解除令。
1950	56	朝鲜战争爆发，企业限制被解除。
1951	57	到美国和欧洲访问。
1952	58	与荷兰菲利浦公司合作。接受荷兰政府颁发的勋章。
1954	60	收购胜利唱片公司。

松下幸之助

公元纪年	年龄	记　　事
1961	67	辞去总经理职务，就任董事长。
1964	70	以董事长身份兼任销售部长。在每日新闻全国高中生"你尊敬的人物"评选中获最高票。
1965	71	实行每周五日工作制，接受日本政府颁发的二等旭日重光勋章。接受早稻田大学颁发的名誉法学博士学位。
1973	79	辞去董事长职务，改任顾问。
1979	85	访问马来西亚，接受马来西亚政府颁发的勋章。
1981	87	接收日本政府颁发的一等旭日大绶勋章。
1987	93	获日本政府颁发的旭日桐花大绶章一等勋章。
1988	94	将个人财产50亿元捐给大阪"花的万国博览会"。
1989	95	4月27日辞世。